OEUVRES COMPLÈTES

DE

CHARLES NODIER.

SOUVENIRS DE JEUNESSE.

IMPRIMERIE DE PLASSAN,
RUE DE VAUGIRARD, N. 11.

ŒUVRES COMPLÈTES

DE

CHARLES NODIER.

X.

SOUVENIRS DE JEUNESSE.

PARIS,
LIBRAIRIE D'EUGÈNE RENDUEL,
RUE DES GRANDS-AUGUSTINS, N° 22.

1834.

Dédicace.

Quòd spiro et placeo, si placeo, suum est.

En intitulant ce volume : *Souvenirs de Jeunesse*, j'ai voulu exprimer le sentiment général qui domine dans sa composition, ce besoin commun à tous les hommes qui atteignent un âge difficile et sévère de retourner quelquefois par la pensée aux charmantes illusions d'un âge d'expansion et d'espérance. Comme il n'y a point d'amusement plus agréable pour la mémoire que celui qu'elle goûte dans cette gracieuse récapitulation des années écoulées, il n'y a point de sujet plus capable d'alléger le poids du travail, et de le changer en plaisir. Ce n'étoit pas un secret à négliger pour moi, lorsque les occupations assidues de l'homme de lettres, auxquelles je n'étois certainement pas voué par l'instinct du talent, devinrent ma dernière ressource contre la mauvaise fortune. Quand on a la gloire devant soi, le courage ne manque pas aux labeurs les plus pénibles. A défaut de ce stimulant généreux, ils ne peuvent se passer de quelque attrait qui soulage la patience et ravive l'imagination. [Le souvenir, selon moi, ne le cède à aucun autre en douceur, et ce que tout le monde rêve avec enchantement de sa vie passée, moi, je l'écris.

Je n'ai cependant pas eu la prétention de me peindre. Elle seroit fort déplacée dans un pauvre nouvellier dont la vie obscure est peu propre à fournir d'utiles renseignements à celle des autres. Ce que je peins, c'est le jeune homme que j'étois, sensible, enthousiaste, passionné à sa manière, et ce portrait n'est pas celui d'un individu, c'est celui d'une espèce. Ce qui m'est réellement personnel, c'est ici que j'ai voulu le dire, parce qu'il est convenu dans le genre modeste de littérature auquel je me suis consacré qu'on dit tout ce qu'on veut dans les préfaces.

A seize ans, je pressentois que j'écrirois, et que mon nom prendroit au moins place dans la table d'un *Almanach des Muses*, ou dans les pages badines d'un dictionnaire persifleur comme celui de Rivarol. Je ne crois pas que mon ambition se soit jamais proposé, de l'aveu de mon jugement, une plus brillante perspective, et il y avoit certainement de quoi me dégoûter de la carrière où mes inclinations me poussoient; mais qui peut vaincre ce démon, une fois qu'il en est possédé? Il a des fascinations si délicieuses d'ailleurs que je lui pardonnerois le mal qu'il m'a fait, s'il n'avoit donné un peu de chagrin à mon père.

J'allois donc toujours, et j'ai déjà dit que ce n'étoit pas l'orgueil qui me soutenoit. C'étoit un instinct fort différent, qui n'est pas sans vanité, peut-être, mais qui avoit son excuse. Je ne voyois dans l'art de l'écrivain qu'un moyen de se faire aimer, et je n'ai jamais eu d'autre passion. L'idée d'occuper le cœur d'une femme que je ne rencontrerois jamais, l'espoir d'obtenir quelque secrète amitié d'un bon jeune homme organisé comme moi, et sensible aux émotions qui débordoient de mon âme sans trouver où se répandre, le désir d'exciter quelque par ce mouvement d'attraction, qui m'entraînoit moi-même vers certains auteurs de peu de réputation, mais inspirés de pensées affectueuses et touchantes, c'étoit le nerf et le mobile de mon petit génie. Qui sait d'ailleurs, me disois-je, s'il n'existe pas quelque part dans le monde littéraire une de ces créatures puissantes auxquelles Dieu a donné des yeux assurés pour le contempler dans sa gloire, et des ailes pour voler à lui, et qui cependant correspondent avec moi de l'élévation où elles sont parvenues, par des sentiments fraternels? Où me chercheroient-elles, si je ne leur criois de la basse région où je suis caché dans la foule : *C'est ici que je suis!* Tout jeune, j'ai déjà été aimé de Chantrans, de Pichegru, de Benjamin-Constant, de Droz, de Weiss, d'Oudet, privilégiés de tant de supériorités diverses entre tous les hommes; pourquoi ne serois-je pas un jour le Borderie d'un autre Marot, le La Boétie d'un autre Montaigne, ou le Valincour d'un autre Boileau? Et si les titres de ceux-là sont encore trop hauts pour la portée de mon esprit, il ne m'est pas défendu au moins de devenir l'ami Gache d'un La Fontaine ou l'ami Bache d'un Rousseau! C'est assez pour vivre à jamais.

La fortune de mes espérances les a grandement dépassées. Châteaubriand m'a nommé son cher élève, et Victor Hugo, son frère. Il est arrivé à côté d'eux un homme d'élection qui a pris place au niveau de toutes les gloires ; qui s'est élevé au-dessus de sa gloire même par la perfection de son cœur; qui a été nouveau dans le classique, et classique dans le nouveau, mais dont l'âme vaut mille fois mieux encore que le génie; qu'on admire quand on le lit et qu'on chérit quand on le voit; dont on voudroit être le laquais pour aspirer à l'honneur de devenir son valet de chambre, comme Jean-Jacques l'a dit de Fénelon, et qui m'a permis de me nommer le plus tendre et un des plus aimés de ses amis. J'aurois eu beaucoup à faire pour justifier tant de bonheur, si j'avois voulu le consacrer par un digne hommage. Il a fallu y renoncer. Ce que l'homme dont je parle aura de moi, c'est seulement le plus intime de mes livres, celui qui est le plus mien, et que j'aime le mieux. C'est tout ce que je puis.

Quant à mon inscription dédicatoire, tout le monde l'a déjà remplie, et je l'abandonne aux soins de l'imprimeur.

A
ALPHONSE DE LA MARTINE.

Charles Nodier.

MÉMOIRES DE MAXIME ODIN.

AVERTISSEMENT
DE L'ÉDITEUR.

Je ne dirai pas comment ces *Mémoires* sont tombés entre mes mains, et quelle secrète sympathie de sentiments ou d'aventures m'a prévenu en faveur de l'auteur, au point de me faire oublier le soin de mes propres études pour prendre le temps de recoudre quelques lambeaux de son journal. Le mystère d'une impression aussi intime n'est pas une de ces idées qui se révèlent avec des mots, et quand je parviendrois à le faire comprendre, il ne me justifieroit pas auprès des lecteurs qui ne sont pas disposés à goûter mon entreprise. Ce que je leur dois avant tout, pour ne pas les tromper dans leur attente, c'est l'aveu du peu d'importance des souvenirs personnels dont Maxime Odin se plaît à charmer aujourd'hui les ennuis désormais incurables d'une vie désabusée, et que je recueille presque au hasard dans ses tablettes. Jeune, c'étoit un de ces hommes d'émotions, qui ne vivent au milieu de notre société artificielle et de nos mœurs de convention que par le cœur et par la pensée ; qui arrivent dépaysés dans le monde, étrangers à la langue qu'on y parle, à la loi des nécessités qu'on y subit, à la destinée qu'on s'y fait; et qui, après avoir inutilement prodigué autour d'eux les expansions d'une sensibilité crédule, finissent par se composer, bon gré mal gré, une espèce de solitude où ils emportent leurs illusions à défaut de réalités. L'état qui résulte de cette aberration volontaire est ce qu'on appelle la vie romanesque, et j'ai entendu dire souvent qu'elle n'étoit pas sans douceurs. Il a du moins cela d'avantageux qu'il se concilie à merveille avec l'indépendance, et qu'il peut se passer d'aliments extérieurs, ou plutôt que tout est bon pour lui en tenir lieu. L'imagination, condamnée à chercher incessamment le type qu'elle s'est formé, ne trouveroit à la fin que le désespoir. Elle n'a qu'un moyen de le posséder dans toute sa perfection idéale, et ce moyen, qui seroit trop commode si la nature l'avoit mis à la portée de toutes les organisations, consiste à imprimer ce type de fantaisie au premier objet venu. Voilà un homme qui vous montre sa main pleine de sable, et qui vous dit : Qu'est-ce que cela ? — C'est du sable, répondez-vous. — Erreur grossière! il y voit des rubis, des saphirs, des topazes, des émeraudes, et ce qu'il voit y est réellement pour lui, parce qu'il regarde avec un prisme. Si Dieu est solitaire, ce qu'on ne peut se dispenser de croire sans faire tort du principal à son éternelle et suprême béatitude, je suppose que c'est ainsi qu'il doit voir et qu'il doit aimer les créatures qui procèdent de lui.

L'homme romanesque n'est donc pas celui dont l'existence est variée par le plus grand nombre possible d'événements extraordinaires. Il en arrive presque toujours tout autrement. C'est celui en qui les événements les plus simples eux-mêmes développent les plus vives sensations; celui dont l'âme, indifféremment avide de troubles et de voluptés, ne se lasse jamais de ces alternatives extrêmes; celui que tout émeut, et qui exerce sur tout ce qui l'émeut l'inépuisable faculté de jouir et de souffrir, sans soumettre ni ses craintes, ni ses espérances, ni ses peines, ni ses plaisirs, au jugement de la raison. S'il écrit, ne demandez pas à son livre les scènes à effet du drame, les habiles combinaisons du roman, le merveilleux des fictions fantastiques; n'y cherchez pas un plan, une méthode, un système littéraire, un style arrêté, il n'entend rien à tout cela. Il ne sait de l'univers que ce qu'il a senti. Sa vie, c'étoient ses affections; son génie, c'est son cœur. Ses esquisses n'auront qu'un mérite très-relatif, la vérité; non pas la vérité positive, la vérité des indifférents et des sages, la vérité des penseurs et des pédants, mais toute la vérité que peut comporter sa nature. Il se gardera bien d'y ajouter, d'en retrancher un seul détail. Ce seroit autre chose, ce ne seroit plus lui. Ce qui le charme dans ses souvenirs, c'est que ce sont des souvenirs, et la plus séduisante des inventions du poëte ne le distrairoit point de ces souvenirs tout simples, tout vulgaires, qu'on n'inventeroit pas, et qui ne valent pas la peine d'être inventés.

Mais ce qui ne vaut pas la peine d'être inventé vaut-il la peine d'être lu?

C'est ce qui vous reste à décider, et ne perdez pas de temps, car il va parler lui-même.

SOUVENIRS
DE JEUNESSE.

SÉRAPHINE.

Le plus doux privilége que la nature ait accordé à l'homme qui vieillit, c'est celui de se ressaisir avec une extrême facilité des impressions de l'enfance. A cet âge de repos, le cours de la vie ressemble à celui d'un ruisseau que sa pente rapproche, à travers mille détours, des environs de sa source, et qui, libre enfin de tous les obstacles qui ont embarrassé son voyage inutile, vainqueur des rochers qui l'ont brisé à son passage, pur de l'écume des torrents qui a troublé ses eaux, se déroule et s'aplanit tout-à-coup pour répéter une fois encore, avant de disparoître, les premiers ombrages qui se soient mirés à ses bords. A le voir ainsi, calme et transparent, réfléchir à sa surface immobile les mêmes arbres et les mêmes rivages, on se demanderoit volontiers de quel côté il commence et de quel côté il finit. Il faut qu'un rameau de saule, dont l'orage de la veille lui a confié les débris, flotte un moment sous vos yeux, pour vous faire reconnoître l'endroit vers lequel son penchant l'entraîne. Demain le fleuve qui l'attend à quelques pas l'aura emporté avec lui, et ce sera pour jamais.

Tous les intermédiaires s'effacent ainsi dans les souvenirs de la vieillesse, reposée des passions orageuses et des espérances déçues, quand les longs voyages de la pensée ramènent l'homme, de circuits en circuits, parmi la verdure et les fleurs de son riant berceau. Cette volupté, j'en suis témoin, est une des plus vives de l'âme, mais elle dure peu, et c'est la seule d'ailleurs que puissent envier à ceux qui ont eu le malheur de vivre longtemps ceux qui ont le bonheur de mourir jeunes.

À l'âge de douze ans, j'avois achevé les études superficielles des enfants, et par conséquent je ne savois rien; mais j'avois heureusement appris ce qu'on apprend rarement au collége; c'est que je ne savois rien, et que la plupart des savants eux-mêmes ne savoient pas grand'chose. J'étois si avide d'instruction, qu'il m'est souvent arrivé d'épeler avec effort l'alphabet d'une langue inconnue, pour me mettre en état de lire des livres que je ne comprenois pas; et dans d'autres circonstances que celles où j'ai vécu, cette vague et stérile curiosité seroit devenue peut-être une aptitude. Mais de tous les alphabets écrits ou rationnels que j'essayois de déchiffrer, il n'y en avoit point qui m'inspirât autant de ferveur que celui de la nature. Il me sembloit déjà, car je n'ai pas changé d'opinion, que l'étude approfondie des faits de la création étoit plus digne qu'aucune autre d'exercer une saine intelligence, et que le reste n'étoit guère bon qu'à occuper les loisirs futiles ou extravagants des peuples dégénérés. Un séjour de quelques semaines chez un bon ministre de Vindenheim en Alsace, fort amateur de papillons, m'avoit aidé à soulever le voile le plus grossier de cette belle Isis dont les secrets délicieux devoient mêler tant de charmes quelques années après aux misères de mon exil. J'étois rentré dans mes montagnes, le filet de gaze à la main, la boîte de fer-blanc doublée de liége dans la poche, la loupe et la pelote en sautoir, riche et fier de quelques lambeaux d'une nomenclature hasardée qui m'initioit du moins au langage d'un autre univers, où je pourrois marcher le cœur libre, la tête haute et les coudées franches, avec plus d'indépendance que ne m'en promettoit le monde factice des hommes. Quand on n'est pas organisé de manière à vivre avec eux, on en reçoit la révélation de bonne heure, et quiconque a reçu cette révélation sans lui obéir ne doit s'en prendre qu'à lui de ses infortunes. Il a été le seul artisan de sa mauvaise destinée.

Il y avoit alors dans ma ville natale un homme d'une quarantaine d'années qui s'appeloit M. de C..., et qu'au temps dont je parle on appeloit plus communément le citoyen Justin, du nom de son patron, parce que la révolution lui avoit ôté celui de son père. C'étoit un ancien officier du génie, qui avoit passé sa vie en études scientifiques, et qui dépensoit sa fortune en bonnes œuvres. Simple et austère dans ses mœurs, doux et affectueux dans ses relations, inflexible dans ses principes, mais tolérant par caractère, bienveillant pour tout le monde; capable de tout ce qui est bon, digne de tout ce qui est grand, et modeste jusqu'à la timidité au milieu des trésors de savoir qu'avoit amassés sa patience ou devinés son génie; discutant peu, ne pérorant pas, ne contestant jamais; toujours prêt à éclairer l'ignorance, à ménager l'erreur, à respecter la conviction, à compatir à la folie, il vous auroit rappelé Platon, Fénelon ou Malesherbes; mais je ne le compare à personne : les comparaisons lui feroient tort. Le vulgaire soupçonnoit qu'il étoit fort versé dans la médecine, parce qu'on le voyoit le premier et le dernier au chevet des pauvres malades, et qu'il étoit à son aise, parce qu'il fournissoit les remèdes; mais on le croyoit aussi un peu bizarre, parce qu'il étoit avec moi le seul du pays qui se promenât dans la campagne, armé d'un filet de gaze, et qui en fauchât légèrement la cime des hautes herbes sans les endommager, pour leur ravir quelques mouches aux écailles dorées, dont personne ne pouvoit s'expliquer l'usage. Cette analogie de goûts rapprocha bientôt nos âges si éloignés. Le hasard vouloit qu'il eût été l'ami de mon père, et je ne tardai pas à trouver en lui un autre père dont le mien fut un moment jaloux; mais ils s'entendirent mieux pour mon bonheur que les deux mères du jugement de Salomon. Ils se partagèrent ma vie pour l'embellir tous les deux. — Il le falloit. Il arriva une terrible loi, de je ne sais plus quel jour de floréal, qui exiloit les nobles des villes de guerre, et le plus sage des sages avoit le tort irréparable d'être noble. Depuis que cette funeste nouvelle s'étoit répandue, je ne vivois plus; je n'embrassois plus mon pauvre père sans le noyer de mes larmes, parce que mon ami s'en alloit. « Console-toi, me dit-il un jour; il ne va pas loin. J'ai obtenu qu'il ne se retirât qu'à trois lieues, j'ai consenti à te laisser partir avec lui, et avec tes jambes de cerf, tu pourras venir m'embrasser sans pleurer une ou deux fois la semaine. » Je crus que je mourrois de joie, car il me sembloit comme cela ne les quitter ni l'un ni l'autre. Nous partîmes donc; le peuple murmuroit sur notre passage : Voilà encore des nobles qui s'en vont! — Et c'est l'unique fois de ma vie que j'aie pris plaisir à entendre dire que j'étois noble. Nous allâmes habiter un joli village éparpillé sur les deux bords d'une petite rivière qu'on appeloit le *Biez*, suivant l'usage du pays, et qui étoit garnie de côté et d'autre d'un rang pressé de jeunes peupliers. Ils doivent avoir bien grandi! Notre maison étoit, dans sa simplicité, la plus magnifique de la commune, et l'appartement que nous occupions au premier et dernier étage auroit fait envie à dix rois que j'ai rencontrés depuis dans les plus méchantes auberges de l'Europe. Il se composoit de deux chambres enduites d'un plâtre blanc et poli, dont la propreté charmoit la vue. Celle du citoyen Justin, qui étoit la plus grande, comme de raison, ne manquoit pas d'un certain luxe d'ameublement, quoique le principal s'y réduisît à une couchette de paille (il n'avoit jamais d'autre lit, et je me suis fort bien trouvé dès lors d'avoir contracté près de lui cette habitude), à deux fortes chaises de bois de noyer, et à deux grandes tables de la même matière et du même travail, cirées comme des parquets et luisantes comme des miroirs. La première, qui avoit au moins cinq pieds de diamètre, occupoit de sa vaste circonférence le milieu du superbe salon dont je commence la description avec un sentiment si vif et si présent des localités, que j'en reconnoîtrois tous les détails à tâtons, si j'y étois transporté de nuit par la baguette d'une bonne fée, quoiqu'il y ait aujourd'hui, 12 octobre 1831, trente-sept ans, jour pour jour, que j'y ai laissé à peu de chose près la petite part de bonheur sans mélange qui devoit m'échoir sur la terre. Celle-là portoit tous nos ustensiles de travail et d'observation journalière, les presses, les pinces, les scalpels, les ciseaux, les poinçons, les loupes, les lentilles, les microscopes, les étoupes, les yeux d'émail, le fil de fer, les épingles, les goupilles, le papier gris, les acides et les briquets, pièces indispensables, s'il en fût jamais, d'un équipage de naturaliste; c'est là qu'on analysoit, qu'on disséquoit, qu'on empailloit les animaux; c'est là que l'on comptoit les articles du tarse ou les parties de la bouche d'un insecte imperceptible à l'œil nu, les étamines ou les divisions du stigmate d'un végétal, nain de l'empire de Flore; c'est là qu'après les avoir desséchées, on étendoit les plantes avec une minutieuse précaution sur les blancs feuillets où elles devoient revivre pour la science, et qu'on assujétissoit leurs pédoncules et leurs rameaux sous de légères bandelettes fixées à la gomme arabique, en prenant garde de faire valoir leurs parties les mieux caractérisées, et de ne pas altérer leur port et leur physionomie; c'est là qu'on essayoit les pierres au contact des houppes nerveuses les plus développées de notre organisme, au choc du fer, aux sympathies de l'aimant, au jeu sensible des affinités, à l'effervescence et aux décompositions que produisent les réactifs : c'étoit le modeste laboratoire où venoient se révéler l'un après l'autre tous les secrets de la nature.

Sur la paroi du fond, car je suis bien décidé à ne vous faire grâce d'aucun détail, étoit la couchette dont je vous ai parlé, flanquée de nos deux fauteuils de cérémonie, terminée au pied par le mobilier exigu d'une toilette philosophique, et appuyée sur l'arsenal de nos grandes expéditions, freloches de toutes les dimensions, de toutes les formes et de toutes les couleurs, outils à fouir, outils à saper, pieux à sauter les ravins, gaules à frapper les ramées. Il n'y manquoit qu'un fusil, mais c'étoit une arme interdite aux naturalistes suspects, et les nôtres n'inspiroient déjà que trop de défiance dans les mains d'un philosophe et d'un enfant. Dessous gisoient le marteau à rompre le roc et la pointe à déchausser les racines. Deux bâtons légers mais noueux, contre les loups et les serpents, complétoient ce formidable appareil de guerre. Je puis vous assurer que cela étoit terrible à voir.

La muraille de la droite ouvroit son unique fenêtre sur une source murmurante qui alloit mourir dans le Biez, en bondissant sur les cailloux, et dont je crois entendre encore le fracas mélodieux. Dans la partie de l'appartement qui précédoit cette croisée, nous avions assis sur des consoles trois gracieuses tablettes dont la première ou l'inférieure supportoit les boîtes de chenilles et de chrysalides, fermées de fins réseaux, qui étoient confiées à mes soins particuliers, et la seconde, les planchettes polies où nous étalions nos papillons, sous des plaques de verre qui contenoient leurs ailes sans les froisser. La dernière étoit garnie de flacons bouchés à l'émeri, qui renfermoient le camphre destiné à saupoudrer tous les soirs nos boîtes de chasse, l'alcali volatil contre la piqûre des frelons et la morsure des vipères, et l'esprit de vin conservateur des reptiles et des petits ovipares. Une armoire pratiquée tout auprès, et dont le citoyen Justin portoit toujours la clef, étoit réservée pour les trésors cent fois plus précieux de la pharmacie domestique.

L'autre côté de la croisée étoit occupé par notre seconde table, dont je n'ai encore rien dit, quoiqu'elle en valût bien la peine ; mais j'ai cru devoir sacrifier l'ordre logique à l'ordre descriptif dans cette topographie vraiment spéciale qu'on ne refera pas après moi, car je suis le seul qui m'en souvienne sur la terre, à moins que M. de C.... n'ait conservé à quatre-vingts ans quelque mémoire de ces jours d'exil, qui furent pour moi des jours d'ineffables délices. Je ne savois pas même qu'il souffroit, et son attentive bonté me dissimuloit, sous une humeur douce et riante, des chagrins qui auroient empoisonné mon bonheur! — Cette table étoit bien longue, à l'idée que je m'en fais aujourd'hui. Toutes nos académies détruites par un vandalisme brutal mais naïf, et qui avoit au moins cette excuse de l'inexpérience qu'il n'aura plus, y siégeoient à mes yeux dans une seule personne. Un homme de génie écrivoit là ces pages admirables, dont quelques rares amis ont reçu la confidence, tirées à dix ou douze exemplaires, et qu'ignorera la postérité qui ne pourroit plus les entendre. Devant lui, ses livres favoris étoient amassés sur trois rayons, dont le premier avoit peine à contenir nos auteurs usuels, le *Systema Naturæ,* le grave Fabricius, le bon

Geoffroy, l'ingénieux Bergmann, Lavoisier, Fourcroy, Bertholet, Maquer l'éclectique, et Bernardin de Saint-Pierre le poète. Au-dessus étoient rangés une bonne édition d'Horace, un gros Sénèque le philosophe, que je ne lus pas alors, les *Essais* de Montaigne, que je lus deux fois de suite, et quelques volumes dépareillés du Plutarque d'Amyot, que je lisois toujours. Plus haut, il y avoit une grande *Gerusalemme liberata*, dont je n'ai jamais trop fatigué les marges somptueuses, un *Ariosto*, qui me fit aimer l'italien, un *Don Quichotte* espagnol, que je devinois à défaut de comprendre, et cinq ou six tragédies de Shakspeare, qui me transportoient d'enthousiasme, quand le citoyen Justin me les traduisoit, au courant de sa lecture, dans nos moments de récréation. — Je n'oublierai pas qu'il avoit profité d'un espace vide, pour y glisser son carton de dessins, et qu'à l'extérieur il avoit suspendu son violon.

En face du lit de mon ami étoit pratiquée notre seconde croisée, qui avoit jour sur le Biez, et d'où l'on suivoit au loin ses détours, entre des fabriques charmantes et des îlots de verdure, jusqu'aux lieux où son cours aboutissoit à un point brillant qui trembloit longtemps comme un météore, et finissoit par s'éteindre sous les rayons du soleil. — Mais c'étoit à la cloison de gauche que nous avions rassemblé peu à peu toutes les merveilles de notre exhibition, les oiseaux perchés sur leurs baguettes, dans la vivacité de leurs attitudes naturelles, et auxquels il ne manquoit qu'un ramage pour figurer une volière vivante; les papillons, déployés dans de beaux cadres d'or que nous avions apportés de la ville, et dont l'éclat de leurs ailes effaçoit la splendeur; le serpent à la bouche béante, qui défendoit notre porte, comme le dragon des Hespérides, et les chauves-souris, qui plongeoient leurs regards pétrifiants comme celui des Gorgones, du haut de son chambranle de sapin. Le musée de ce village, quand j'y pense, auroit fait envie à plus d'une ville; mais ce qu'il y a de plus certain, c'est que son Aristote méritoit un autre Alexandre.

Notre journée d'investigations commençoit régulièrement à midi, après le repas du matin, et duroit jusqu'à la nuit; car nous étions d'intrépides marcheurs. Nous allions et nous revenions en courant, moi, questionnant sur tout ce qui se rencontroit; lui, répondant toujours et à tout par des solutions claires, ingénieuses et faciles à retenir. Il n'y avoit pas un fait naturel qui ne fournît matière à une leçon; pas une leçon qui ne fît sur moi l'effet d'un plaisir nouveau et inattendu. C'étoit un cours d'études encyclopédiques mis en action, et je suis sûr maintenant que tout autre que moi en auroit tiré grand profit; mais mon imagination étoit trop mobile pour n'être pas oublieuse. Arrivés aux champs ou aux forêts, nous entrions en chasse, et, comme mes collections se commençoient à peine, chaque pas me procuroit une découverte; je marchois en pays conquis.

Il n'y a point d'expression pour rendre la joie de ces innocentes usurpations de la science sur la nature rebelle et mystérieuse, et ceux qui ne l'ont pas goûtée auront peut-être quelque peine à la concevoir. Encore aujourd'hui, je me prends quelquefois à frémir d'un voluptueux saisissement en me rappelant la vue du premier *carabus auronitens* qui me soit apparu dans l'ombre humide que portoit le tronc d'un vieux chêne renversé, sous lequel il reposoit éblouissant comme une escarboucle tombée de l'aigrette du Mogol. Prenez garde à son nom, s'il vous plaît : c'étoit le *carabus auronitens* lui-même! Je me souviens qu'il me fascina un moment de sa lumière, et que ma main trembloit d'une telle émotion qu'il fallut m'y reprendre à plusieurs fois pour m'en emparer. Que les enfants sont heureux, et que les hommes sont à plaindre, quand il ne leur reste pas assez de sagesse pour se refaire enfants! Il n'en est pas de même des autres joies de la vie, lorsqu'elle a péniblement acquis la douloureuse expérience de leur instabilité. J'en ai beaucoup cherché depuis l'âge de vingt ans; j'en ai goûté beaucoup qui faisoient envie aux plus fortunés : pas une seule cependant que ma bouche n'accueillît d'un sourire amer, et qui ne pénétrât mon cœur d'une angoisse de désespoir. Que de larmes brûlantes j'ai versées dans les extases du bonheur, qui ont été comptées pour des larmes de ravissement, parce qu'elles n'étoient pas comprises! Faites comprendre, si vous le pouvez, à une âme éperdue d'amour, qu'il est un moment de vos jours passés dont sa tendresse ne peut combler le vide éternel, et que cette minute, dont la rivalité impérieuse et triomphante éclipse tous vos plaisirs, est celle où vous avez trouvé le *carabus auronitens !* Il n'y a pourtant rien de plus vrai.

Les jours de pluie ou de neige, car en 1794 il y eut dans nos montagnes de la neige à la fin de mai, nous passions le temps à régler la disposition du riche mobilier dont je viens de dresser l'inventaire, ou bien nous lisions alternativement; et, dans nos leçons, comme dans nos promenades, chaque fait avoit son instruction. Chaque heure avoit aussi son emploi; et rien n'est plus propre à enlever au travail sa physionomie sévère que la variété des études. Les mathématiques nous délassoient de la chimie, et les beaux-arts des sciences. Je m'entretenois avec facilité dans le souvenir tout récent de mes études latines par la lecture assidue et passionnée de nos méthodistes, qui avoit pris tant d'empire sur mes pensées que je n'en concevois pas une seule sans qu'elle vînt à se formuler subitement en phrases concises et descriptives, hérissées d'ablatifs, comme celle de Linné; et si je m'étois reconnu depuis ce don caractéristique du talent qu'on appelle le style, je n'aurois pas été embarrassé à en expliquer les qualités et les défauts par ces premières habitudes de ma laborieuse enfance. Il seroit peut-être plein, précis, pittoresque, propre à faire valoir les idées par leurs aspects saillants, mais trop chargé de termes techniques et de figures verbales; abondant en épithètes justes, mais qui n'expriment souvent que des nuances; étranglé comme une proposition arithmétique, toutes les fois que j'essaie d'y faire entrer l'expression sous une forme puissante; complexe et diffus comme une amplification, quand je sens le besoin de l'étendre et de la développer; obscur pour être court, ou pâle pour être clair, mais rappelant partout l'aphorisme dans le tour, et le latinisme dans la parole; un mauvais style enfin, si c'étoit un style, et il n'y a pas dix hommes par siècle qui aient un style à eux; mais un style sorti, tel qu'il est, de ma singulière éducation, et que les circonstances ne m'ont pas permis de modifier depuis. Cela, c'est le dernier instrument d'une existence qui n'a pas eu le choix;) et je le jette au rebut sans regret, quoique je n'aie plus ni le temps ni la force d'en changer.

Les matinées étoient à moi. C'est le temps où le citoyen Justin alloit vaquer à l'arpentage de la commune, visiter ses pauvres, soigner ses malades, ou prêter aux cultivateurs des environs le secours de ses lumières agronomiques. Il lui restoit à peine une heure avant midi pour reconnoître les espèces qu'il avoit recueillies la veille, observer sous la lentille du microscope l'économie intérieure de ces républiques d'animalcules inconnus jusqu'à lui, qu'il avoit découvertes dans les *conferves* et les *byssus*, ou ajouter quelques lignes à sa correspondance hebdomadaire avec la société Philomatique de Paris, seule dépositaire alors de toutes ces brillantes acquisitions des sciences physiques, dont l'Institut a recueilli l'héritage. Mon ministère particulier se bornoit à pousser des reconnoissances autour du village, sur tous les points où quelque accident favorable à de certains développements, nous promettoit une abondante récolte de genres nouveaux. Je savois à ne pas m'y tromper le petit bouquet d'aunes ou de bouleaux qui balançoit à ses feuilles tremblantes des *eumolpes* bleus comme le saphir et des *chrysomèles* vertes comme l'émeraude; la jolie coudraie qu'affectionnoient ces élégants *attelabes* d'un rouge de laque, si semblables aux graines d'Amérique dont les sauvages font des colliers; la plantation de jeunes saules où le grand *capricorne* musqué venoit déployer les richesses de son armure d'aventurine, et répandre ses parfums d'ambre et de rose : la flaque d'eau voilée de nénuphars aux larges tulipes, et de petites renoncules aux boutons d'argent, où nageoit le *ditique* aplati comme un bac, et du fond de laquelle l'*hydrophile* s'élevoit sur son dos arrondi comme une carène, tandis qu'une peuplade entière de *donacies* faisoient jouer les reflets de tous les métaux sur leurs étuis resplendissants, à travers les feuilles des iris et des ménianthes. Je savois le chêne où les *cerfs-volants* vivoient en tribu, et le hêtre, à l'écorce d'un blanc soyeux, où gravissoient lourdement les *priones* géants. Il y a quelque chose de merveilleusement doux dans cette étude de la nature, qui attache un nom à tous les êtres, une pensée à tous les noms, une affection et des souvenirs à toutes les pensées; et l'homme qui n'a pas pénétré dans la grâce de ces mystères a peut-être manqué d'un sens pour goûter la vie. Les nomenclatures elles-mêmes, œuvre d'un génie tout poétique, et qui sont probablement la dernière poésie du genre humain, ont un charme inexprimable, à cet âge d'imagination où la fable et l'histoire n'ont pas encore perdu leur prestige. Voyez-vous ces brillantes familles de papillons, qui ne sont que des papillons pour le vulgaire? C'est une féerie complète d'enchantements et de métempsycoses pour l'enfant d'un esprit un peu cultivé, qui les poursuit de son léger réseau. Ceux-là sont les *chevaliers grecs* et *troyens*. A sa cotte de mailles échiquetée de jaune et de noir, vous reconnoissez le prudent *Machaon*, fils presque divin du divin Esculape, et fidèle, comme autrefois, au culte des plantes qui recèlent de précieux spécifiques pour les maladies et les blessures : il ne manquera pas de s'arrêter sur le fenouil. Si vous descendez aux pacages, ne vous étonnez pas de la simplicité de leurs habitants. Ces papillons sont des *bergers*, et la nature n'a fait pour eux que les frais d'un vêtement rustique. C'est *Tityre*, c'est *Myrtil*, c'est *Corydon*. Un seul se distingue parmi eux à l'éclat de son manteau d'azur, sous lequel rayonnent des yeux innombrables comme les astres de la nuit dans un ciel étoilé; mais c'est le roi des pâturages, c'est *Argus*, qui veille toujours à la garde des troupeaux. Avez-vous franchi d'un pas curieux la lisière des bois, défendue par *Silène* et les *satyres* : voici la bande des *sylvains*, qui s'égarent au milieu des solitudes, et les *nymphes*, encore plus légères, qui se jouent de votre poursuite, laissent bientôt un ruisseau entre elles et vous, et disparoissent, comme Lycoris, sans redouter d'être vues, derrière les arbrisseaux du rivage opposé. Tentez-vous le sommet des montagnes les plus élevées : vous n'aurez pas de peine à vous y rappeler l'Olympe et le Parnasse; car vous y trouverez les *héliconiens* et les *dieux*; *Mars*, qui se distingue à sa cuirasse d'acier bruni, frappée par le soleil de glacis transparents et variés; *Vulcain*, flamboyant de lingots d'un rouge ardent comme le fer dans la fournaise, ou bien *Apollon* dans son plus superbe appareil, livrant aux airs sa robe d'un blanc de neige, relevée de bandelettes de pourpre. Je jouissois avec un enthousiasme que je ne pourrois plus exprimer de toutes ces ravissantes harmonies; mais je ne jouissois de rien au monde autant que de ma propre existence. On a peint toutes les voluptés intimes de l'âme; je regrette qu'on n'ait pas décrit la volupté immense qui saisit un cœur de douze ans, formé par un peu d'instruction et par beaucoup de sensibilité à la connoissance du monde vivant, et s'emparant de lui comme d'un apanage, dans une belle matinée de printemps. C'est ainsi qu'Adam dut voir le monde fait pour lui, quand il s'éveilla d'un sommeil d'enfant, au souffle de son créateur. Oh! que la terre me paroissoit belle! oh! comme je suspendois mon haleine pour écouter l'air des bois et les bruits du ruisseau! Que j'aimois le pépiement des oiseaux sous la feuillée, et le bourdonnement des abeilles autour des fleurs! et j'étois là, comme une autre abeille, caressant du regard toutes les fleurs qu'elles caressoient, et je nommois toutes ces fleurs, car je les connoissois toutes par leur nom, soit qu'elles s'arrondissent en ombelles tremblantes, soit qu'elles s'épanouissent en coupes ou retombassent en grelots, soit qu'elles émaillassent le gazon, comme de petites étoiles tombées du firmament. Les cheveux abandonnés au vent, je courois pour me convaincre de ma vie et de ma liberté; je perçois les buissons, je franchissois les fossés, j'escaladois les talus, je bondissois, je criois, je riois, je pleurois de joie, et puis je tombois d'une fatigue pleine de délices, je me roulois sur les pelouses élastiques et embaumées, je m'enivrois de leurs émanations, et, couché, j'embrassois l'horizon bleu d'un regard sans envie, en lui disant avec une conviction qui ne se retrouve jamais : « Tu n'es pas plus pur et plus paisible que moi!.... » — C'était pourtant moi qui pensois cela!... —

Dieu tout puissant! que vous ai-je fait pour ne pas me rendre, au prix de ce qui me reste de vie, une de ces minutes de mon enfance! Hélas! tout homme qui a éprouvé comme moi l'illusion du premier bonheur et des premières espérances, a subi, sans l'avoir mérité le châtiment du premier coupable. Nous aussi nous avons perdu un paradis !

Le dimanche, c'étoit autre chose. Tout en chassant, tout en herborisant, tout en devisant, nous allions visiter nos voisins, causer histoire avec un vieux rentier goutteux qui s'étoit sagement réfugié au village contre les tempêtes de la ville, et qui savoit sur l'ongle toutes les alliances de toutes les familles princières, depuis Robert-le-Fort et Gontran-le-Riche ; causer botanique et matière médicale avec un brave chirurgien qui estropioit intrépidement la langue des sciences naturelles (heureux ses malades s'il n'avoit estropié que cela!); causer économie politique avec un gros fermier qui avoit fait une fortune considérable aux affaires, et qui étoit tout fier, dans son patriotisme de publicain, de frayer de temps en temps avec le patriciat tombé en roture. Je me souviens que celui-ci avoit une fille de vingt ans, d'une beauté remarquable, élevée aux beaux-arts et au beau monde, nourrie de toute la belle prose et de toute la belle poésie de l'an II de la république, et si romanesque, si sentimentale, si nerveuse, que je l'ai regardée long-temps comme une exception. Cinq ou six ans après, je m'aperçus que l'exception n'étoit pas là : elle étoit déjà dans les cœurs naturels et simples qui sentent plus qu'ils ne peuvent exprimer, et qui ne font pas étalage de leurs émotions.

Mais nos visites de prédilection étoient pour un vieux château éloigné tout au plus d'une lieue du village que nous habitions, et qui se trouvoit, par un heureux hasard, sur la route de nos excursions familières. Il est vrai qu'au bout de quelque temps ce hasard étoit devenu si infaillible et si régulier qu'on auroit pu y voir l'effet d'un plan prémédité. Le voyage en valoit la peine. Là résidoient trois aimables sœurs, exilées, comme M. de C....., pour le crime de leur naissance, et qui composoient, avec un vieux domestique et une petite négresse fort éveillée, toute la population du vénérable manoir. Je ne parlerai pas des deux aînées, qui m'occupoient très-peu, quoiqu'elles fussent charmantes, et que je n'occupois pas du tout. La plus jeune s'appeloit Séraphine ; elle avoit près de quatorze ans, ce qui suffisoit pour lui donner sur moi tout l'ascendant d'une grande fille sur un petit garçon ; mais la nature avoit pourvu à la compensation de nos âges par la délicatesse de sa constitution fragile et par le développement prématuré de mon organisation déjà presque adolescente. L'habitude d'un exercice actif et stimulant qui fortifioit tous les jours mon enfance robuste ; la pratique des rudes travaux de la marche, de la course et de l'escalade, par vaux, par monts et par rochers ; l'assiduité des études obstinées, qui imprime à la pensée un caractère viril dont les facultés physiques subissent l'influence, m'avoient donné sur les enfants même de la campagne, ordinairement si supérieurs à nous, un avantage prononcé de vigueur, d'adresse et d'audace. Je n'étois pas redouté ; cette triste gloire empoisonneroit tous les souvenirs de ma vie ; mais on s'appuyoit volontiers de mon amitié, parce que la foiblesse et la timidité sont portées d'une affection d'instinct vers le courage et la force. Comme je ne manquois pas de vanité, et je m'aperçois à la complaisance avec laquelle je reviens sur ces détails, que je ne suis pas complétement guéri de cette honteuse infirmité de l'esprit, je prenois plaisir à multiplier, surtout devant les femmes, et sans savoir pourquoi, les aventureux exploits de mon habileté gymnastique. Elles aiment la témérité. Quand on les étonne on les intéresse, et quand on les intéresse on est bien près de leur plaire. J'ai compris tout cela depuis.

Les liaisons de cet âge sont bientôt faites ; il est sans défiance, parce qu'il est sans expérience. Il faut avoir surpris quelque mauvaise pensée dans son cœur pour en soupçonner dans celui des autres. Après nous être vus deux fois, Séraphine et moi, nous aurions voulu ne plus nous quitter. Nos plaisirs étoient si purs, nos entretiens étoient si doux, nous pleurions ensemble avec tant d'abandon, et il est si doux de pleurer! C'est qu'elle avoit bien du chagrin! Sa mère étoit en prison à dix lieues, son père en prison à cinquante; de ses quatre frères, il y en avoit trois proscrits, errants, sans ressources, en trois pays différents de l'Europe; l'autre étoit détenu à Paris sous le couteau du tribunal qui avoit égorgé dix de ses parents; et autour d'elle rugissoit chaque jour une populace armée de piques et de brandons d'incendie, qui la menaçoit elle-même, pauvre jeune fille craintive et sans défense, dont les grâces touchantes auroient apprivoisé des panthères affamées! — Va, va, lui disois-je, console-toi! le règne des assassins ne sera pas long! Ma famille est républicaine, mais je me ferai aristocrate pour te venger! Je ne suis pas loin du moment de manier, comme un autre, une épée ou un poignard, et puisqu'il faut du sang, je verserai sans pitié le sang de tes ennemis! — Ne parle pas comme cela! me répondoit Séraphine; je serois plus malheureuse encore si je craignois de te voir devenir méchant. Les méchants sont plus à plaindre que nous! Continue à bien acquérir du savoir et de la réputation, et quand tu seras assez grand pour te faire écouter de ces Messieurs les patriotes, fais ce que tu pourras pour empêcher qu'on ne nous tue, car si on me tue aussi, quelle est la femme qui t'aimera jamais autant que moi! —

Ce besoin d'être ensemble étoit devenu si vif qu'il absorboit toutes nos pensées. C'étoit l'objet, le but, la vie de notre vie; et jamais l'un de nous deux n'arrivoit jusqu'à l'autre sans trouver l'autre qui le cherchât. Quand je descendois de la montagne, j'étois sûr de voir de loin son voile blanc qui flottoit à l'air, ou son chapeau de paille qui voloit au hasard, sans qu'elle s'arrêtât pour reconnoître l'endroit où il iroit tomber, pendant qu'elle couroit à ma rencontre. Mais que je lui épargnois de détours en me précipitant au-devant d'elle, fendant les terres labourées, sautant les haies, écartant les broussailles, débusquant d'un taillis au moment où elle me cherchoit encore derrière! et je n'aurois pas allongé ma course d'un pas pour éviter un fossé de dix pieds de largeur. La terre élastique obéissoit à mon essor comme la raquette au volant; et j'arrivois, si preste et si joyeux, les bras autour de son cou et les lèvres sur sa joue, qu'elle n'avoit pas le temps de s'effrayer. Le temps se passoit trop vite, hélas! de mon côté en lutineries innocentes, du sien, en causeries tendres et sérieuses.

Mon expansion étourdie se contraignoit alors, parce que je me rappelois que Séraphine étoit triste, et qu'elle ne pouvoit s'associer sans effort aux turbulentes saillies de ma joie et de mon bonheur sans souci. Mes idées, si riantes et si frivoles, se façonnoient peu à peu, au contraire, aux habitudes de sa mélancolie, et de ces deux éléments incompatibles en apparence, il se formoit en moi une combinaison étrange de caractère, qui a tour à tour assombri ma jeunesse de sympathies douloureuses, et égayé mon âge mûr des instincts et des goûts d'un enfant. Tous les développements de mon âme datent de ces jours éloignés. Je n'ai rien acquis ni rien perdu, mais si j'étois mort en ce temps-là, ma vie n'auroit pas été moins complète. La vie est complète quand on a aimé une fois.

Il faut cependant que je m'explique sur cet amour, auquel le perfectionnement de notre langue et de nos mœurs n'a pas encore donné un nom. Rien ne ressemble moins à l'amour comme les hommes le comprennent, et c'est cependant un sentiment très-distinct des affections de la famille et des amitiés de collége.

Cette différence, je la sentois sans l'expliquer. Je l'avouerai, comme si j'écrivois encore sous l'empire de mes idées de douze ans ; je m'étois fait une singulière opinion de l'amour des romanciers et des poètes, que j'avois lus avec avidité, dans la ferme persuasion que les passions qu'ils décrivoient si bien étoient des fictions comme leurs sujets et leurs fables. Je le prenois pour une image fantastique des émotions simples de deux époux qui s'étoient aimés enfants, comme j'aimois Séraphine, et comme j'en étois aimé, qui se trouvoient heureux de passer leur vie ensemble, et auxquels le mariage accordoit le délicieux privilége de prolonger le charme de cette douce intimité jusque dans les mystères de la nuit et la solitude du sommeil. J'admirois comment, de cette effusion de tendresse qui confondoit en un seul deux êtres bien assortis, résultoit l'existence d'un être nouveau, éclos sous des caresses et des baisers, fruit d'harmonie et d'amour ; et je voyois dans ce phénomène moral, qui entretenoit à jamais la reproduction d'une espèce vierge, le signe le plus évident de la supériorité de l'homme sur les animaux. Je n'ai pas la prétention d'avoir inventé en ce temps-là une *conjugalité* plus solennelle que celle de Dieu, mais c'est celle que je m'étois faite, et les bonheurs de la jeunesse ne m'ont rien appris qui me consolât d'en avoir perdu l'illusion. Que dis-je? le regret de mon erreur a survécu à ces fiévreuses réalités du plaisir qui enivrent les sens aux dépens de l'ivresse de l'âme, et qui la précipitent des hauteurs du ciel dans les misères de la volupté. Que de fois j'ai redouté d'être heureux comme les autres dans l'accomplissement de mes désirs, heureux que j'étois dans l'enchantement de mes espérances! Aujourd'hui même, il n'y a pas une de mes larmes d'amant qui ne m'ait laissé de meilleurs souvenirs que tous ces ravissements d'un bonheur sans lendemain, sur lesquels retombent les tristes convictions de la vie, comme le rideau d'un spectacle fini, comme l'obscurité de la nuit sur un feu d'artifice éteint. C'est probablement dans ce sens qu'on a dit que la première inclination étoit la meilleure. Son charme est dans son ignorance.

J'aimois ainsi Séraphine avec la naïveté

d'une impression tout idéale, toute poétique, et dont l'innocence devoit avoir quelque chose de l'amour des anges. Aussi pure que moi, je suppose que Séraphine étoit un peu plus savante, et on vient de voir que cela n'étoit pas difficile. Elle étoit mon aînée de près de deux ans, elle étoit femme, elle vivoit depuis le berceau dans le monde que je n'avois fait qu'entrevoir. Sa conversation ingénue me laissoit souvent des doutes vagues à travers lesquels j'avois peine à retrouver le fil égaré de ma doctrine. Je méditois seul sur ce que je n'avois pas compris, mais je ne méditois pas long-temps, parce que je n'étois pas curieux, parce que je croyois fermement dans mes idées, et surtout parce que j'aimois mieux penser à elle que de perdre le temps à me bâtir des systèmes inutiles. Elle étoit partout avec moi; je savois la faire entrer dans tous mes entretiens, la lier en souvenir ou en projet à toutes mes actions, la ramener dans tous mes songes. Rêver toujours, et ne rêver que d'elle, c'étoit un bienfait de mon sommeil, une faculté que j'avois, que j'ai conservée long-temps, et qui m'a dédommagé de bien des douleurs!) J'étois parvenu à fixer dans mon esprit une des scènes les plus communes de nos jolies matinées : celle-là m'est aussi présente que si j'y étois encore. Après m'être fatigué deux heures à la chercher où elle n'étoit pas, je tombois ordinairement de lassitude sur le canapé du salon, et je feignois de dormir pour la piquer de mon indifférence ou ne pas la contrarier dans sa malice. Elle arrivoit alors, légèrement soulevée sur la pointe des pieds, allongeant ses pas suspendus avec précaution, frissonnant au bruit du parquet avant qu'il eût gémi, et une corbeille au bras, ses cheveux s'échappant de toutes parts en ondes dorées sous le chapeau de paille mal attaché qui ne les contenoit plus, la tête un peu penchée sur l'épaule, l'œil fixe et craintif, la bouche entr'ouverte, le bras étendu pour gagner de l'espace; elle promenoit doucement sur mes lèvres un bouquet de cerises moins vermeilles que les siennes. Je la voyois toujours ainsi, blanche mais animée, charmante de ses grâces et de son émotion d'enfant, arrêtant sur moi ses rondes prunelles d'un bleu transparent comme le cristal, qui

plongeoient des regards de feu à travers mes paupières demi-closes pour surprendre à propos le moment de mon réveil, et me caressant tout près de son haleine de fleurs comme pour me défier de l'embrasser : c'étoit là que je l'attendois, et quand elle pensoit à fuir, elle étoit prise. Alors c'étoient des cris, des gémissements, des bouderies à n'en pas finir; c'étoient les sœurs qui arrivoient au secours, c'étoit Lila, sa petite Africaine, qui m'arrachoit les cheveux et qui me menaçoit les yeux. Un baiser de plus payoit les frais de sa rançon; mais elle me détestoit pendant une heure au moins; et je m'en allois, je revenois, je pleurois, je demandois pardon, je ne l'obtenois pas, je repartois encore en courant vers le canal pour m'y précipiter dans un abîme de dix pouces de profondeur, jusqu'au moment où une petite voix qui vibroit comme un timbre d'argent daignoit enchaîner mon désespoir, et j'avois été malheureux d'un malheur affreux, d'un malheur pire que la mort, d'un malheur qu'on voudroit goûter aujourd'hui, au prix de l'incendie d'un royaume!
— J'étois loin d'imaginer sous quel aspect

m'apparoîtroient avant peu ces angoisses du premier amour. Je n'avois pas vingt ans que je résolus de mettre un clou à ma roue, comme dit Montaigne, et de ne plus vieillir d'un moment. Je m'en suis assez bien trouvé, mais j'aurois mieux fait de m'arrêter à douze.

J'ai dit que ma petite amie étoit d'une santé délicate. Je ne me doutois guère que toutes les jeunes filles fussent plus ou moins malades vers l'âge de quatorze ans. Ce mystère passoit la portée de ma science. — Séraphine étoit sujette à des maux de tête, à des éblouissements, à des hallucinations subites, à des mouvements de fièvre. Un soir je l'avois laissée souffrante; je souffrois de son mal, que mes craintes exagéroient. Je me couchai tout habillé; je ne dormis pas; je me tournois sur mon bon lit de paille comme sur les pointes d'acier de Régulus ou les charbons de Guatimozin. Je me levai pour me promener dans ma chambre; je la trouvai trop étroite : j'ouvris ma fenêtre; le ciel aussi me parut trop étroit. On ne voyoit pas le château. Je mesurai la hauteur de ma croisée : une quinzaine de pieds tout au plus, si je m'en souviens. J'étois bien loin ; je ne sais si je courois ou si la terre fuyoit derrière moi ; mais je ne mis peut-être pas un quart d'heure à gagner la grille du parc.

Ce n'étoit pas tout. Le seul endroit où la clôture fût accessible étoit défendu par un bassin revêtu de larges dalles, où aboutissoient les eaux du canal, après avoir arrosé le jardin. Là elles dormoient à fleur de terre dans l'abreuvoir, puis se perdoient un moment sous la route, et alloient resurgir à quelques pas, mais libres et capricieuses, entre les saules de la prairie. Nous appellions cela le *bassin des salamandres*, parce qu'on y en voyoit un grand nombre frapper l'eau immobile de leur queue en rame, ou se traîner sur le pavé, en livrant de temps en temps aux caprices de la lumière leurs marbrures d'un jaune brillant; mais on ne les voyoit pas à l'heure dont je vous parle; on ne voyoit rien du tout. La nuit étoit calme et tiède, mais obscure, et je ne pouvois apprécier que de mémoire la largeur du réservoir qu'il falloit franchir. J'étois seulement bien sûr qu'il n'avoit pas plus d'un pied de rebord du côté où j'allois tomber, et que je courois risque, selon la portée de mon élan, de me rompre la tête contre le mur, si je m'y abandonnois à l'étourdie, ou, si je le modérois trop, d'épouvanter de la chute d'un nouveau Phaéton le peuple des salamandres endormies. Dieu, l'amour ou l'adresse aidant, je descendis au but comme si j'y avois été porté par les ailes d'un oiseau. J'atteignis d'un bond la hauteur de la muraille, je gagnai d'un saut le niveau du jardin. Il restoit encore une haie de troëne, forte et serrée comme une palissade, mais sur laquelle j'appuyois facilement la main, en me dressant un peu, et je ne la touchai pas d'une autre partie de mon corps pour la laisser derrière moi. J'étois dans la grande allée de marronniers qui se terminoit tout juste au pied de la tourelle où couchoit Séraphine; mais sa fenêtre, élevée d'un étage au-dessus de la terrasse, m'étoit cachée par l'épaisseur du feuillage; et le temps que je fus obligé de mettre à chercher la clarté qui en jaillit enfin par rayons épars, entre les dernières branches, me parut plus long que tout le reste du voyage. Alors je m'arrêtai contre un marronnier pour reprendre haleine, car j'étois déjà tranquille. Cette lumière étoit celle d'une bougie dont la blanche flamme trembloit contre les vitres, à côté de l'endroit où Séraphine suspendoit le petit miroir qui servoit à sa toilette de nuit. Elle y étoit debout, légèrement vêtue, souriant à sa gentillesse, roulant ses cheveux avec une grâce coquette, et puis prenant plaisir à les dérouler pour les voir ondoyer encore. Je restai là tant que la bougie ne s'éteignit point, et je ne sais si ce fut une minute ou une heure; mais je sais que cela vaut toute la vie, et qu'il n'y auroit que l'espoir d'y retrouver quelques instants pareils qui pût me décider à la recommencer.

Je mis plus de temps au retour. Le jour étoit tout près de se lever, quand je m'aperçus que l'accès de ma chambre étoit infiniment plus difficile que la descente. L'extérieur de la maison ressembloit à l'intérieur. Il étoit si propre, si uni, si soigneusement recrépi, que les mouches avoient peine à y fixer leurs crochets. Pas une pierre saillante, pas une fissure dans le plâtre, pas un interstice à glisser les doigts, qui pût servir à me hisser jus-

qu'à la banquette! et ajoutez à cela que le
Biez couloit trop près derrière mes talons
pour me permettre de prendre du champ.
Un train de charrue au rebut, qu'il fallut amener de loin, me servit enfin d'échelle. J'arrivai, je dormis comme on dort à douze ans,
quand on n'a point de chagrin, et je dormois
encore quand M. de C.... m'avertit pour la
troisième fois qu'il étoit temps d'aller s'informer de la santé de Séraphine, dont j'étois si
inquiet la veille.—Bon, bon! dis-je en me frottant les yeux et en étendant les bras, cela n'est
pas dangereux!—M. de C... me regarda d'un
air étonné. C'étoit la première fois, je m'en
flatte, qu'il m'avoit trouvé si insoucieux sur
mes amitiés; et ma tendresse de troubadour
ou de paladin, qui prétoit à des plaisanteries
de tous les jours, rendoit cette indifférence
inexplicable. Sa méprise m'égaya; et comme
je n'aurois pas osé faire connoître à mon ami
les motifs de ma sécurité, je trouvai piquant
de l'accompagner, en me divertissant à toutes
les bagatelles du chemin, et sans lui parler de
Séraphine, jusqu'à l'angle d'un hallier bien
fourré, où elle nous attendoit d'habitude,

pour nous surprendre d'une espiéglerie ou nous effrayer d'un cri. Elle y étoit, et j'avois, comme on sait, mes raisons pour n'en pas douter. Elle tomba dans mes bras, retomba dans les siens, revint à moi, fit sauter mon chapeau, se sauva pour être attrapée, et finit par se laisser prendre, en criant de dépit et de joie.

— Vous aviez raison tout-à-l'heure, quand je vous tirai d'un si bon sommeil, me dit M. de C... en riant. Cela n'étoit pas dangereux.

Je vous demande si ce fut là un grand sujet de colère, mais de colère morne, silencieuse et méprisante! Séraphine prit l'avance avec dignité, en se donnant ces manières dédaigneuses que les jeunes filles nobles apprennent, je crois, en naissant; et quand nous fûmes parvenus à l'allée des marronniers, elle s'assit sur notre passage, au bout du long banc de pierre sur lequel nous causions presque tous les jours. J'allai l'y rejoindre; elle courut à l'autre extrémité; je l'y suivis; elle reprit sa première place, et moi aussi; mais je l'y fixai d'un bras sur lequel je l'avois soulevée cent fois, et dont elle connoissoit la puissance !

—Halte-là, grondeuse! lui dis-je en feignant d'être sérieusement fâché. Mademoiselle, pourquoi boudez-vous?

— Moi, monsieur, bouder? Et à quel propos, s'il vous plaît? On ne boude que ceux qu'on aime et dont on est aimé. Je ne vous boude pas, parce que vous ne m'aimez pas, parce que je ne vous aime pas. C'est naturel. On n'est pas forcé d'aimer quelqu'un.

—Ah! je ne t'aime pas, et tu ne m'aimes pas, Séraphine? C'est très-joli!...

—Non certainement, je ne vous aime pas, puisque je vous déteste, puisque je vous ai en exécration, monsieur! et je voudrois bien savoir, par exemple, pourquoi vous prenez la liberté de me tutoyer? Je vous le défends!...

—Mais voyez donc, ajouta-t-elle en s'efforçant de rire, ne faudroit-il pas bouder monsieur, qui dort si bien quand on est malade à la mort, et qui s'excuse en disant que *cela n'est pas dangereux?* Si vous aviez été malade, vous, je n'aurois pas été si tranquille! — Mais lâchez-moi, je vous en prie! lâchez-moi tout de sui-

te, ou je ferai du bruit! j'appellerai Lila;....
je vais pleurer!...

— Non, vraiment tu ne pleureras pas, laide
et méchante que tu es! et je voudrois bien
voir qu'on s'avisât de pleurer!...

— Qu'on s'avisât de pleurer! Comme vous
dites, c'est fort joli, c'est de très-bon ton!
d'ailleurs, je suis une laide maintenant, et
qu'est-ce que cela vous fait qu'une laide pleu-
re, quand elle veut pleurer? M'empêcherez-
vous de pleurer et de crier, si cela me fait
plaisir? Vous ne me permettrez pas de pleurer, peut-être, quand vous m'étouffez! Vous
êtes bien avantageux!...

Avantageux étoit un de ces mots de salon
qui me déconcertoient toujours. Je passai
l'autre bras autour d'elle, et je me hâtai de
m'expliquer...

— As-tu pu croire, Séraphine, que j'aurois
dormi sans m'assurer que *cela n'étoit pas dangereux*, et que tu te portois bien? Mais écoute-
moi un instant, et n'essaie pas de te sauver,
cela ne te réussiroit pas! — Crois-tu que l'état
de ma douce et belle Séraphine étoit bien
dangereux, quand elle venoit à minuit, der-

rière la fenêtre de la tourelle, tresser autour de ces jolis petits doigts, que je baiserai tout à l'heure, ces longues mèches de blonds cheveux que je baise maintenant malgré toi — ou malgré vous —; quand elle ouvroit sa croisée et s'appuyoit en silence, pour écouter le rossignol, qui n'avoit garde de chanter, parce que je l'avois effrayé, et quand elle le défioit des cadences tendres et perlées de sa romance favorite :

> Amour, on doit bénir tes chaînes.
> Quand deux amants ont à souffrir....

— Quelle horreur ! s'écria Séraphine ; vous m'épiez, monsieur !...

— Tu appelleras cela comme tu voudras ; mais, quand tu es malade, j'ai peur, et quand j'ai peur pour toi, je ne sais plus ce que je fais.

Elle réfléchit un moment. Je sentis que je n'avois plus besoin de la retenir. A quoi devine-t-on cela ? Mes bras s'étoient relâchés. Elle dégagea les siens, les étendit un peu pour les dégourdir, et les jeta autour de mon cou.

— Pauvre ami que j'accuse et que j'inquiète, reprit-elle en appuyant son front sur mon épaule!... —Il ne me le pardonnera peut-être pas! — Avec cela que vous êtes bien capable, étourdi comme je vous connois, d'avoir passé par *le trou du hibou?...*

—Le chemin n'est pas beau, mais c'est le plus court, et j'étois trop pressé pour prendre l'autre.

—C'est à faire trembler, à ce que l'on dit! un sentier taillé dans le rocher sur un précipice épouvantable!...

—Un sentier large comme la petite allée du potager sur un précipice profond comme la terrasse, depuis la mansarde de ton pavillon.

—Eh bien! n'est-ce pas rassurant! il y arrive tous les ans des malheurs en plein jour! et si tu rencontrois le hibou?...

—Je l'emporterois dans ma freloche comme un papillon de nuit. Oh! je voudrois bien que ce fût seulement un *moyen-duc!* il y a trois mois que je l'aurois empaillé! mais un méchant hibou de son espèce n'est bon qu'à déployer comme un épouvantail sur la porte du château.

—Attendez, attendez, dit-elle en composant tout-à-coup sa jolie figure pour prendre un air solennel, et en s'éloignant d'un pouce ou deux, avec une admirable dignité. — Ce n'est pas tout, monsieur, ce n'est rien! ce qu'il y a d'inexcusable dans votre conduite, c'est que vous n'avez pas pensé au danger de me compromettre!...

Compromettre étoit bien autre chose qu'*avantageux*, ma foi! *compromettre* me foudroya.

— Te *compromettre*, Séraphine! Je serois au désespoir de te *compromettre*, mais... je ne sais pas au juste ce que c'est.

Elle laissa tomber sur moi le sourire d'une supériorité indulgente.

— Il suffit, monsieur, continua-t-elle, que je ne veux pas absolument qu'on se permette d'être de nuit dans le parc. Aujourd'hui je vous fais grâce, ajouta Séraphine en me tendant sa main à baiser, parce que je sais que votre cœur est pur, mais que cela n'arrive plus jamais! le monde est si pervers!

Il faut noter que *pervers* avoit un pied et demi dans la bouche de Séraphine. C'étoit le *verbum sesquipedale* de mon Horace.

— Eh! que m'importe le monde pervers! qu'a-t-il à dire à ma tendresse et à mes inquiétudes? il lui siéroit bien, au monde pervers, de trouver mauvais que je fusse en peine de Séraphine, quand Séraphine est malade! Craindre pour ta vie, et ne pas tout entreprendre, ne pas tout braver pour te voir! certainement, je ne promettrai pas cela!

— Bien, bien, dit-elle en reprenant ma main, si j'étois vraiment en danger! Crois-tu que je voudrois, moi, mourir sans te revoir? Ce seroit pis que la mort!

Au même instant ses sœurs et mon ami nous rejoignoient, et nous nous embrassâmes devant eux pour la première fois de la journée.

Les moments dont je parle étoient si doux qu'il n'est pas surprenant que je m'abandonne au plaisir de les raconter longuement. Cela dura quatre ou cinq mois, et puis cela finit à toujours.

Au commencement d'octobre, je ne sais plus quel jour c'étoit de brumaire, nous vîmes arriver Chapuis, un ancien domestique de M. de C...., vieillard honnête, fidèle et même affectueux, mais dont la figure sévère et rébarbative ne m'avoit jamais paru propre qu'à porter de mauvaises nouvelles. Celles qui me concernoient alors étoient accablantes. Mes parents, enchantés de quelques progrès qu'ils croyoient remarquer dans mes études, étoient convenus de m'en témoigner leur satisfaction en me faisant passer un hiver à Paris sous les yeux d'un homme aimable et sage, dont ils avoient éprouvé l'attachement. Le neuf thermidor venoit de mettre un terme aux sacrifices sanglants des druides de la révolution. La France, enivrée de son affranchissement, commençoit à se reposer des convulsions de la terreur dans une atmosphère plus pure. Elle renaissoit aux sciences, aux beaux-arts, aux loisirs des peuples civilisés. Elle renaissoit presque au bonheur, car tout pouvoit sembler bonheur le lendemain de l'anarchie. Je ne connoissois de la terre tout entière que la nature agreste et simple de nos solitudes. Il s'agissoit de me faire voir les collections, les bibliothèques, les monuments, les hommes, le monde enfin, dans lequel l'imagination du meilleur des pères m'assignoit en espérance une position agréable, et peut-être distinguée. Tout cela m'auroit souri comme à lui dans des circonstances où ce voyage n'auroit rien coûté à mon cœur; mais l'exil des nobles subsistoit toujours, et je me sentois défaillir à l'idée de quitter pour si long-temps mon ami, car la longueur d'un hiver est quelque chose d'incommensurable aux enfants. Je ne sais s'il vous en souvient. Je ne disois pas tout cependant; mais la pensée de m'éveiller vingt-cinq fois par une matinée de dimanche, sans pouvoir me promettre de voir Séraphine et de finir la journée auprès d'elle, me navroit si cruellement, que je ne m'accoutumois à la supporter que sous la condition d'en mourir. Vingt-cinq dimanches, hélas! j'étois bien loin de mon compte!

Il falloit pourtant se soumettre. M. de C..., qui mesuroit mieux le temps, et qui savoit mieux ce qu'il vaut, me parloit de ces longs mois d'absence comme d'un jour que j'allois passer en plaisirs. Nous devions seulement des visites à tous nos voisins, avant l'époque qui étoit fixée pour mon départ, et dont je ne m'informois point, parce que je tremblois de la savoir. Ce projet de visites me consoloit un peu; il devoit me ramener au château, et je me démontrois bien à part moi que cinq heures de l'amitié, des regrets et des caresses de Séraphine, dédommageroient assez ma vie de cinq mois de douleurs. Je m'aperçus dès le lendemain que nos lentes promenades m'éloignoient de plus en plus de l'unique objet de mes pensées, mais je ne m'affligeai point. Je sus au contraire un gré infini à M. de C... d'avoir donné cette direction à notre cérémonieux itinéraire.

—Tant mieux, disois-je tout bas! C'est par elle que nous finirons! son baiser d'adieu sera le dernier que j'emporterai sur mes lèvres, et je l'y conserverai avec tant de soin, qu'il en sera de ce voyage comme si je ne l'avois pas quittée!...

Il y avoit six jours que nous courions ainsi le pays, presque sans nous parler. M. de C... paroissoit amèrement triste, et si je ramenois, selon mon usage, le nom de Séraphine au travers de nos courts entretiens, il se hâtoit d'en détourner la conversation comme d'une idée inquiétante et fâcheuse. Je me perdois à chercher le motif de cette réticence nouvelle entre nous : car il aimoit Séraphine presque autant qu'il m'aimoit, et j'aurois trouvé tout naturel qu'il l'aimât davantage.

Comme nous occupions le seul logement dont on pût disposer dans la maison, nous avions établi Chapuis dans ma chambre, où il dressoit tous les soirs son pliant au-devant de ma croisée. Le jour dont il est question, Chapuis me trouva comme à l'ordinaire occupé à tenir note sur mon journal des espèces que j'avois ramassées en chemin, et il se crut obligé de m'interrompre pour m'engager à dormir. Cette précaution inaccoutumée me surprit.

— C'est, voyez-vous, dit-il, que nous partons demain, à six heures précises, pour nous trouver au relai de la diligence de Paris, et quoique j'aie déjà emballé toutes vos petites hardes dans la voiture, il est possible qu'il vous reste quelque chose à faire avant d'y monter. Vous n'avez donc que le temps de vous reposer un peu en attendant que je vous réveille.

— Demain à six heures! m'écriai-je. Cela n'est pas possible! je ne partirai certainement point sans avoir vu Séraphine!

— Il le faut bien cependant, repartit Chapuis, car la diligence n'attend pas; et, quand vous resteriez, pensez-vous que M. de C... vous permette de voir mademoiselle Séraphine dans l'état où est la pauvre enfant? Il craindroit trop pour vous les effets de la contagion, comme on l'appelle. Il n'a pas eu d'autre raison pour vous éloigner d'ici toute la semaine.

— Séraphine est malade, et je ne le savois pas! — Expliquez-vous, mon ami, je vous en supplie!

— Malade, malade! répondit Chapuis en hochant la tête. On m'avait défendu de vous le dire, mais il faut bien que vous l'appreniez un jour ou l'autre; c'est que les nouvelles d'aujourd'hui n'étoient pas bonnes! Heureusement, la providence de Dieu est grande, surtout pour les jeunes gens, et, si elle le permet, vous retrouverez au printemps mademoiselle Séraphine plus vive et plus gentille que jamais. Et puis, on ne manquera pas de vous écrire sa guérison à Paris, et vous en aurez la consolation sans avoir eu le chagrin de la quitter malade.

Pendant qu'il parloit ainsi, Chapuis tourna la clef, la retira de la serrure, la mit dans sa poche, ferma la fenêtre, et se glissa dans son lit sans se déshabiller, pour être plus tôt prêt le matin.

— Que faites-vous, Chapuis? Vous fermez cette fenêtre, et vous savez que je ne puis me passer d'air! Je vous l'ai dit assez souvent.

— Bon, bon, reprit-il en s'enfonçant sous sa couverture, les voyageurs ne doivent-ils pas s'accoutumer à tout? Vous serez bien plus à l'étroit dans la voiture, ma foi! Vous imaginez-vous, mon cher jeune homme, que vous aurez toujours vos aises? On vous en donnera dans votre pension, des fenêtres ouvertes en octobre! D'ailleurs, monsieur est trop bon pour ne pas avoir égard à mon rhumatisme, par le froid qu'il fait maintenant; c'est une vraie soirée d'hiver!

Je n'avois point d'objections contre ce dernier raisonnement. Ma situation étoit horrible. J'éteignis ma lumière, et je ne me couchai pas. J'attendois qu'il dormît pour tenter de tourner l'espagnolette, et sauter d'un bond dans la rue par-dessus le pliant maudit, au risque de me rompre le cou. Le moment que j'espérois ne tarda pas; mais le sommeil de

Chapuis étoit aussi léger que soudain, et au moindre mouvement j'étois averti par un *qui vive* brutal de la vigilance de mon inexorable sentinelle. Je revins dix fois aux approches, et dix fois je fus dépisté. Pendant ce temps-là, Séraphine m'appeloit peut-être ! Ce fut une épouvantable nuit.

Enfin la pendule sonna quatre heures (c'étoit plus que je ne me croyois capable d'en compter encore), et le carillon du réveil m'avertit que Chapuis avoit choisi cette heure-là pour aller faire les préparatifs du départ. Je me roulai comme en sursaut sur ma paille bruyante, pour lui donner acte de ma présence, pendant qu'il battoit méthodiquement le briquet, et qu'il éclairoit sa lanterne sourde. Je crus qu'il n'en finiroit pas. Qu'il me parut long dans ses opérations, et que je maudis la maladresse et les lenteurs de la vieillesse ! Il sortit cependant, et j'entendis la clef retourner sur moi à l'extérieur. Je ne m'en souciois guère. Son dernier cri couvrit fort à propos le bruit de la croisée qui s'ouvroit. Avant que le prudent Chapuis fût à l'écurie, j'étois, moi, de l'autre côté du village.

Il ne falloit rien moins que mon habitude du pays pour me diriger dans les ténèbres de cette rigoureuse matinée. Il n'y avoit pas dans toute la nature un atome de lumière. Les objets les plus opaques et les plus obscurs ne dessinoient pas le plus foible contour sur l'horizon obscur comme eux. Il ne tomboit pas de pluie, mais l'atmosphère étoit inondée d'une brume noire, épaisse, presque palpable, qui pénétroit mes vêtements, et qui enveloppoit mes membres comme un bain glacé. Je n'avois rien vu, rien deviné, rien imaginé jusqu'alors qui me donnât une idée aussi effrayante de l'Érèbe et du chaos. Je trébuchois contre tous les obstacles, je tombois, je me relevois, je sondois la route du pied, et la nuit du regard. Je n'étois orienté que par ma mémoire ou par mon cœur; je disois : Ce doit être là, et j'allois toujours.

Quand j'arrivai au *trou du hibou*, je ne le reconnus qu'aux saillies du roc, qui surplomboit dans de certains endroits de manière à m'obliger de baisser la tête, et que je suivois en tâtonnant pour ne pas m'exposer à perdre un pas hors du sentier; car il y alloit de ma vie. Ce sentier étoit effectivement assez large, comme je l'avois dit à Séraphine, pour donner place, dans les passages les plus étroits, à deux paires de pieds comme les miens ; mais il étoit coupé dans la pierre vive, et le suintement des eaux qui l'humectoient sans cesse avoit sensiblement incliné sa pente et dégradé son bord extérieur, dont je rencontrois à tout moment les inégalités, quand j'essayois de prendre un peu de terrain pour me délasser de ma contrainte. La bruine se congeloit d'ailleurs en touchant sa surface froide et polie, et le tapissoit d'un verglas glissant, où je n'assurois ma marche qu'avec d'incroyables efforts, en introduisant mes doigts dans toutes les anfractuosités du rocher, et en me cramponnant de temps en temps à celles qui étoient assez profondes pour me soutenir, pendant que je reprenois, à la pensée de Séraphine, quelque force et quelque courage. — Tout-à-coup j'entendis un bruit singulier, et mes joues furent battues d'un lourd frémissement d'ailes, deux circonstances qui, dans la disposition de mon esprit, n'étoient pas propres à diminuer ma terreur ; mais je pensai à l'instant que ce devoit être le hibou, dont mes tracasseries nocturnes avoient troublé la solitude, et bientôt je n'en doutai plus. Il alla s'abattre pesamment à quelques pas de moi, en fixant sur l'usurpateur de ses périlleux domaines des yeux ronds et lumineux.

— Je te remercie, lui dis-je, de venir prêter deux flambeaux à mon voyage; mais je ne m'y fierai qu'autant qu'il le faut pour ne pas te donner l'impitoyable joie de m'entraîner dans les fossés de ta maison de plaisance. Je sais que tu es un hôte insidieux, et je connois, grâce au ciel, pour les avoir toisées de l'œil plus d'une fois, les profondeurs qui nous séparent.

— Il me précéda ainsi pendant long-temps encore, voletant, caracolant, miaulant comme un chat, sifflant comme une couleuvre, s'abattant d'espace en espace à des intervalles mesurés, avec un gémissement lamentable, qui auroit figé le sang dans les veines d'une femme. — Je ne craignois plus rien. La route s'étoit élargie. Je courois, je sautois, j'espérois, j'étois content, j'allois la revoir. — Et toutefois je me promettois bien de revenir par une route plus sûre. J'arrivai à l'allée des marronniers.

La feuillée s'étoit éclaircie depuis mon dernier voyage, et je vis de plus loin vaciller entre les rameaux la foible et pâle lueur qui venoit d'une certaine croisée de la tourelle. — Du feu chez Séraphine! pensai-je. Elle est donc malade encore! Je ne m'arrêtai point, je parcourus la terrasse, je cherchai, je trouvai la porte qui s'ouvroit de ce côté; elle céda sous ma main : elle étoit entr'ouverte; cela m'étonna. Je gagnai le corridor, j'atteignis l'entrée du petit escalier en volute qui conduisoit chez Séraphine. Cet escalier étoit aussi éclairé, contre l'usage. Après deux ou trois tours de spirale, je vis que cette clarté provenoit d'une bougie posée sur une marche au-dessus de ma tête, celle de Lila, de la pauvre Lila, qui étoit assise à côté, les coudes sur ses genoux, la tête dans ses mains noires, et qui paroissoit dormir, sans doute parce qu'elle avoit veillé, et que la fatigue venoit de la surprendre en descendant. Je passai près d'elle à petit bruit pour ne pas la déranger de son sommeil. Une lumière encore blanchissoit le palier; elle sortoit de la chambre de Séraphine. Les deux battants de la porte étoient appuyés aux murailles. La lampe étoit par terre; derrière elle je discernai deux vieilles femmes que j'avois vues souvent demander l'aumône au château; elles se tenoient accroupies, muettes, occupées, et au mouvement de leurs bras il me sembla qu'elles cousoient quelque chose. Je m'élançai. Elles ne levèrent pas la tête. Je courus à l'alcôve; le lit de Séraphine étoit défait, l'oreiller renversé, les couvertures pendantes : il étoit vide.

Assailli d'idées vagues, confuses, impénétrables, je me retournai vers l'endroit où j'avois vu ces vieilles femmes, pour prendre d'elles des informations sur Séraphine et sur le motif qui l'avoit fait changer de lit; mais il ne me resta plus de forces pour entendre leur réponse. Leur réponse, je la savois déjà. Ce qu'elles cousoient, c'étoit un drap blanc, et ce qu'elles cousoient dans ce drap, c'étoit Séraphine.

On m'a souvent demandé depuis pourquoi j'étois triste.

THÉRÈSE.

Il faut vous dire que depuis la chute des assignats, le directoire avoit senti plus d'une fois la nécessité de mettre une grande masse de métaux en circulation. Comme il touchoit à sa fin, et que les vieilles gens croient tout ce qu'on leur dit, le directoire, qui s'étoit laissé dire que la France étoit extraordinairement riche en mines d'argent, dépêcha sur toutes les anciennes mines du pays des escouades d'explorateurs grassement payés, et qui, bon gré malgré, n'ont jamais envoyé une obole à la Monnoie. Je me trouvai colloqué dans l'expédition des Vosges, où l'on cherche de l'argent de temps immémorial, et dont les *ballons*, coupés de routes splendides, attestent d'immenses et inutiles travaux.

Nous étions tous jeunes, tous gens de bonne humeur et d'espérance, tous amis de notre devoir et impatients de découvertes. Nos travaux furent zélés et consciencieux, et longtemps même ils ne furent pas sans espoir. Je me souviens qu'il n'y avoît pas un de nous qui, au premier coup de marteau, n'eût découvert un filon; mais ce filon ne menoit malheureusement à rien, et les moindres frais d'exploitation excédoient toujours d'un grand tiers les plus brillants résultats. C'étoit une succession d'extases et de désappointements pour lesquels je n'avois point alors de termes de comparaison. Je me suis aperçu depuis que cela ressembloit à la vie comme deux gouttes d'eau.

Nous arrivâmes au terme des fausses ambitions, au découragement absolu. Il falloit alors épargner à l'État une dépense ridicule; mais cette défection désintéressée ne pouvoit s'appuyer que sur des calculs exprimés avec clarté. Je n'avois pas dix-huit ans, et toute ma science se réduisoit à quelques bribes de latin, et à la connoissance fort mal approfondie de quelques spécialités d'histoire naturelle, parmi lesquelles la minéralogie tenoit une toute petite place. Mes camarades, qui auroient distingué à la cassure, à l'odeur exhalée par friction, au contact de l'ongle, au happement de la langue, toutes les substances inorganiques alors reconnues en géologie, s'étoient aperçus de bonne heure de mon inaptitude; mais ils ne me contestoient pas un assez joli mérite de rédaction que je rapportois fraîchement d'une école de rhétorique dirigée par le bon et judicieux Droz; et il est vrai que je traduisois lisiblement leurs pages un peu confuses, quand je parvenois à y comprendre quelque chose. Il fut donc convenu que je résiderois à poste fixe dans un lieu central où me parviendroient tous les documents, et d'où je ferois partir toutes les dépêches. Les employés se répartirent sur les mines; le chef se réfugia, comme c'est l'usage, dans les délices urbaines d'Épinal, et mon poste fut fixé à Giromagny, près du ballon de ce nom, dont les trésors, trop vite abandonnés peut-être, étoient le principal objet de nos investigations. Par un élan de dévouement tout particulier, qui me fut avantageusement pointé sur mes notes de service, je me reportai d'une grande lieue de rayon vers le centre, dans un village qu'on appelle le *Puy*, parce qu'il est exactement à la base de la montagne ou du *Podium*; mais ce n'étoit ni cet avantage de position, ni cette heureuse rencontre d'étymologie qui m'avoient déterminé dans le choix de mon domicile; je le pense du moins aujourd'hui, car alors je savois à peine ce que c'étoit.

Vous tous, qui avez voyagé en tout pays, et qui n'avez pas vu la gorge romantique du *Puy*, il vous reste un voyage essentiel à faire, et ne craignez pas que j'anticipe sur les sensations délicieuses qu'il vous promet par une de ces descriptions postiches, qui, au bout du compte, ne peignent rien. En effet, je n'ai jamais senti plus profondément l'impossibilité de peindre. Quand vous serez arrivés de Giromagny au pied du ballon, à travers cette route étroite, et cependant moins opaque d'horizon que d'ombre et de fraîcheur, comme dit le poète latin, qui aboutit toujours à cette coupole si pure, qu'on croiroit son hémisphère élégant émondé par le ciseau, ou, selon les aspects du soleil, bruni par le polisseur ; quand vous aurez franchi ce dédale d'arbustes en fleurs, jetés au travers d'un lac de verdure fraîche, soyeuse, émaillée, égayée par un ruisseau dont les reflets d'argent rient en bondissant jusqu'à la hauteur de la pelouse qui le cherche... — Hélas ! description, que me veux-tu ? — Vous tous, disois-je, qui avez voyagé en tout pays, et qui n'avez pas vu la gorge romantique du *Puy*, quand vous serez arrivés de Giromagny au pied du ballon, vous conviendrez qu'il vous restoit à voir plus que vous n'aviez vu. Mais il auroit mieux valu y aller en 1799. Ce qui m'inspiroit pour le Puy, à moi, une prédilection si marquée, c'étoit l'impression toute récente d'une promenade que j'y avois faite quelques mois auparavant, dans la ferveur de mes recherches entomologiques, à la poursuite de deux magnifiques insectes vosgiens, la *lamia edilis* et la *lamia Schœfferi*, et dont je n'avois rapporté qu'une amourette, mais une amourette qui avoit bien son prix, car c'étoit la première. Cette émotion ineffable d'un cœur adolescent a depuis influé sur ma vocation littéraire, et peut-être sur les autres. Elle m'a fourni les principaux détails de deux de mes *Nouvelles*, dont vous ne vous souciez guère, ni moi non plus. Jeune, je goûtois le plaisir le plus vif à ramener partout le roman de mon histoire; vieux, je m'amuse encore à retrouver dans mes souvenirs l'histoire de mon roman.

J'avois obtenu un logement au Puy chez l'honnête M. Christ, patriote ardent et sincère, qui figuroit depuis dix ans, selon les intermittences favorables à son opinion, dans les fonctions municipales les plus éminentes de l'endroit, et qui y étoit rentré au grand déplaisir des aristocrates depuis le 18 fructidor. C'étoit un homme à vues droites, mais absolues, qui traçoit une idée politique comme un bœuf trace un sillon, et qui marchoit hardiment dans ses principes avec l'intrépidité du colin-maillard; à droite, à gauche, au milieu, n'importe, et le tout en conscience. J'en ai vu dix mille comme cela. Il avoit trois maisons au Puy, et il m'établit dans la maison la plus éloignée de celle où il habitoit, parce qu'il avoit autant de filles que de maisons, et que ses filles étoient très-jolies. Je le savois fort bien, et toutefois il n'y en avoit qu'une qui produisît sur moi ces agitations bouleversantes qu'on sent mieux à dix-huit ans qu'on ne peut les exprimer à quarante-cinq. Comme ce prestige opiniâtre et délicieux désordonnoit mes facultés d'une manière assez préjudiciable à mon service, j'aurois eu lieu de m'applaudir d'être placé le plus loin possible du sujet habituel de mes distractions, si la pensée ne m'en avoit suivi partout.

Ma petite chambre au rez-de-chaussée, que je décrirai volontiers pour me dédommager de n'avoir pas décrit à mon aise le vallon élysien du Puy, étoit un parallélogramme étroit, horizontal à la cour, et clos en devant de sa porte vitrée et de sa large croisée à petits carreaux à losanges, comme c'est l'usage en Alsace. Au-dessous de cette croisée régnoit une immense table de bois de frêne peinte au noir de fumée, sur laquelle j'étalois mes documents et mes copies. Le fond de ma loge étoit une alcôve à portes de bois bien fermantes, dont une des extrémités communiquoit en dedans avec une espèce de cabinet de toilette, et l'autre avec un prie-dieu. Si jamais on transporte ma chambre sur la scène, dans une de ces compositions à la mode dont tout le monde peut devenir le héros à son tour, je supplie le décorateur de ne pas oublier que son intérieur étoit à demi tapissé d'un papier gris de perles, fort boursoufflé et fort poudreux, zébré de larges bandes bleu de roi, escortées de petites bandes bleues jumelles. On ne sauroit être assez ponctuel dans des matières de cette importance.

Je me levois ordinairement à six heures du matin (c'étoit à la fin de mai) pour mettre au net je ne sais combien de belles observations dont l'Institut ne se soucioit guère, et dont le directoire ne se soucioit plus. A sept heures on m'envoyoit ma boîte de crême du ballon, tantôt par un domestique, tantôt par une des filles aînées du père Christ, et alors je travaillois jusqu'à midi; quelquefois par Thérèse, qui étoit la cadette, et alors je ne travaillois plus. A midi je dînois chez le père Christ, et les femmes n'assistoient point à ce repas. Heureusement il étoit très-court. Je rentrois chez moi; je reprenois Saussure, et Bergmann, et Wallerius, et mes manuscrits, et je copiois, j'analysois, je compilois le reste du jour, non sans voir quelquefois étinceler sous ma plume des traits brillants comme un regard, et dont le jeu éblouissant étoit bien plus difficile à définir que les iris capricieux de mes métaux. Inutilement je les voulois chasser de la pensée et du geste; ils revenoient toujours, et glissoient toujours sur mon papier en sillons de feu. Cela m'arrivoit surtout quand Thérèse étoit venue le matin, et qu'elle avoit appuyé sa main sur mes livres, ou renversé en jouant ma poudre d'or dans mon encre. Si mon éducation philosophique n'avoit pas été faite, j'aurois cru que cette jeune fille étoit magicienne ; mais je ne croyois pas à la magie, et c'est tout ce que ma philosophie m'avoit fait apprendre ou tout ce qu'elle m'avoit fait oublier.

J'avois deux ans de moins que Thérèse. Elle étoit vive et cependant réfléchie. A travers sa mobilité même, on voyoit apparoître quelque chose de sérieux et de puissant. Il y avoit en elle de quoi faire une femme ravissante et un homme résolu. Enfin, ce regard qui me fascinoit, manifestoit souvent d'ailleurs une pensée empreinte de tristesse et de fatalité, rapide, fugitive, inexplicable, et promptement éclaircie par un rayon de gaîté, mais qui ne pouvoit pas échapper aux miens, car je la regardois toujours. Moi, je n'étois qu'amoureux et timide ; et la disproportion relative de notre âge, que la différence de sexe rendoit assez considérable, lui donnoit sur moi un étrange ascendant. Nous nous aimions beaucoup, nous nous aimions sincèrement, mais elle avoit sur moi l'avantage de savoir comment, et je ne m'en doutois pas du tout. Aussi elle me tutoyoit sans façon, usage que les habitudes républicaines de la maison de son père, la simplicité des mœurs du pays, le souvenir surtout de m'avoir vu plus jeune, ou, si l'on veut, plus enfant, lui rendoit naturel et facile; et quand elle ne me tutoyoit pas, je pensois qu'elle étoit fâchée. Je la tutoyois de mon côté, mais plus rarement, et avec moins de confiance, parce qu'elle m'imposoit tellement quand elle étoit là, que sa présence si désirée, sa présence, qui le croiroit! m'en paroissoit quelquefois importune. Un matin qu'en jouant derrière ma chaise, et en laissant flotter à dessein sur mes yeux les longues boucles de ses cheveux d'un blond doré, elle avoit noué à plusieurs tours entre ses doigts, un ruban de velours noir passé autour de mon cou....

— Qu'est-ce que cela, monsieur? me dit-elle avec le ton de voix le plus sévère qu'elle eût jamais pris, auriez-vous déjà, jeune comme vous êtes, des souvenirs d'amour? Est-ce un gage? est-ce un portrait?...

— Non! lui répondis-je en tirant de mon sein une petite croix d'acier qui y étoit suspendue; c'est une croix bénie à la châsse de saint Claude, et que ma tante Éléonore, la bénédictine, m'a donnée à mon départ, en m'assurant qu'elle me préserveroit de tout danger.

— De tout danger! reprit Thérèse en relevant sa tête et en la laissant retomber sur ses mains. De tout danger!.... et quel danger peux-tu craindre, toi, pauvre et doux jeune homme que personne n'aura jamais le courage de haïr? De tout danger! le crois-tu?... M'aimes-tu, Charles? m'aimes-tu? Donne-moi cette croix.

— Elle est à toi! m'écriai-je à ses genoux..., et, à compter d'aujourd'hui, quel danger ne puis-je pas braver! Elle est à toi, ma croix d'acier, comme moi, comme mon cœur, comme ma vie!... Prends ta croix de fiancée!...

Thérèse comprit alors pour la première fois sans doute que je m'étois trompé sur les sentiments qu'il m'étoit possible d'attendre d'elle. Cette impression même dut suspendre quelque temps le cours de ses idées, car elle me fit attendre sa réponse, l'essaya, l'interrompit, et l'articula enfin d'une voix altérée :

— Votre fiancée! mon ami..... Comment pourrois-je l'être, puisque je suis mariée?...

Je n'ai pas besoin de dire que la foudre seroit tombée à mes côtés sans m'étonner, sans me consterner davantage. C'est une phrase jetée en moule, et si infaillible en pareille circonstance qu'il n'y a pas un lecteur qui ne la supplée lorsque l'écrivain l'oublie.

— Mariée! depuis quand?

— Depuis six mois.

— Secrètement?

— Il le falloit.

— A l'insu de votre père?

En prononçant ces dernières paroles qui contenoient moins une question qu'un reproche, et qui me donnoient sur elle une autorité dont le triste besoin de venger mon cœur me faisoit goûter amèrement l'avantage, je relevai mes yeux jusqu'à Thérèse, qui étoit restée debout et qui baissa les siens.

— Il le falloit, répéta-t-elle avec une émotion plus sérieuse, et qui avoit déjà changé d'objet. Mon père est patriote, et mon mari est émigré.

— Émigré! et marié depuis six mois! Mon Dieu! le malheureux est-il au moins bien caché? Dites-moi qu'il n'a rien à craindre!

— Il est depuis six mois sous la protection

du ciel, et depuis un moment sous celle d'une croix d'acier que vous a donnée votre tante, et qui a été bénie à la châsse de saint Claude.

—Cette croix d'acier, en effet, Thérèse !... il faut bien que je compte sur sa puissance, puisque c'est du moment où elle a cessé de battre sur ma poitrine que tout mon bonheur a fini. Puisse-t-elle le préserver de ses ennemis, et les malheurs qui l'attendoient ne tomber que sur moi !...

Je me connoissois à peine... ; je sentois à peine la main de Thérèse qui pressoit ma main, ses larmes qui l'arrosoient abondamment. Quand je fus entièrement remis, elle étoit sortie.

Oh! que j'aurois voulu n'être jamais venu au Puy! que j'aurois voulu surtout n'y être jamais revenu!

Par bonheur notre mission tiroit à sa fin. Trois jours ne se passèrent pas que je ne reçusse l'ordre de mon départ, et j'étois si pressé de partir que rien ne me coûtoit pour en avancer le moment. J'avois pour mon travail l'infatigable main, la main diurne, la main nocturne du poète ; et la veille de ce jour alors aussi impatiemment attendu qu'il auroit été redouté quelques jours auparavant, deux heures après minuit me surprenoient à ma besogne, quand un cri aigu se fit entendre à ma porte, qui retentit au même instant sous deux ou trois coups brusquement répétés. Je l'ouvris, et je vis Thérèse éperdue se précipiter dans ma chambre les cheveux épars, les traits renversés, les pieds nus, le corps à demi vêtu d'un manteau en désordre. Tout ce que je pus remarquer, c'est que c'étoit celui d'un homme. Mon alcôve étoit ouverte; elle s'y précipita, et en retira la porte sur elle en me criant : — Sauvez-moi !

Un frisson me saisit, me glaça tous les membres. Je ne comprenois ni le danger de Thérèse, ni ma position avec elle au milieu de cette nuit de terreur dont un orage affreux augmentoit encore les épouvantes. La grêle bondissoit sur mes vitres ou s'assourdissoit sur leurs plombs; la foudre grondoit avec un bruit capable de réveiller les morts; des éclairs si multipliés qu'on en distinguoit à peine les intervalles jetoient sur tous les objets extérieurs une espèce de transparent enflammé. Ma pre-

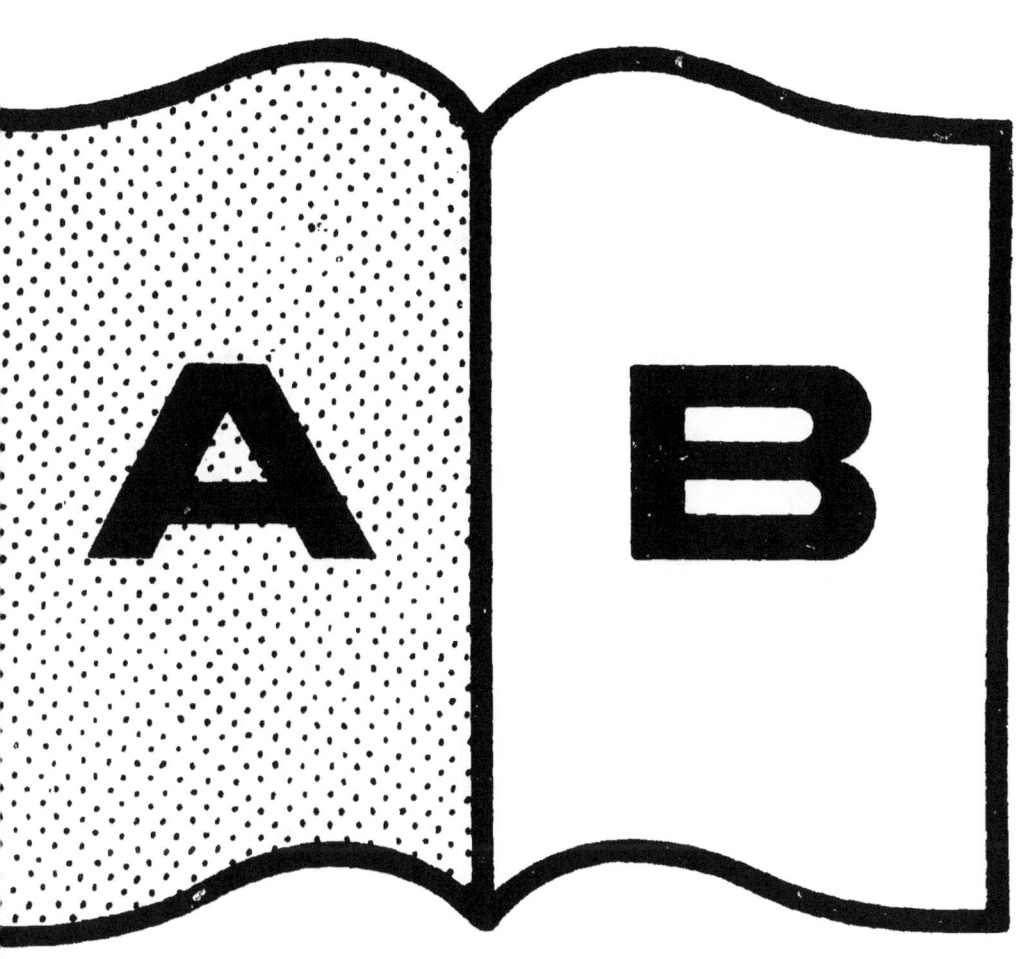

Contraste insuffisant

NF Z 43-120-14

mière pensée fut que la maison du père Christ venoit d'être incendiée par le tonnerre. Tout cela dura si peu que je n'eus pas le temps de former une autre conjecture. Ma porte se rouvrit. Cette fois-là je n'en avois pas tourné la clef. C'étoient six hommes armés de fourches et de vieilles lames de sabres, qui m'entourèrent presque avant que je les eusse aperçus.

— Où est le feu? m'écriai-je.

— Où est l'émigré? répliquèrent-ils. Je devinai.

Le chef de ces perquisiteurs intrépides m'étoit, de fortune, fort particulièrement connu. C'étoit un ancien militaire nommé Jean Leblanc, qui cumuloit depuis quelques années les importantes fonctions de garde de nuit, de crieur public, de sergent de la garde nationale, et qui y réunissoit l'avantage d'être le maître Jacques du père Christ et le factotum de la mairie. Comme les honneurs appellent les honneurs, il m'avoit servi de piqueur ou de surveillant des pionniers dans le petit nombre d'opérations locales que je m'étois réservées, et j'exerçois sur lui cette espèce d'ascendant que le peuple accorde volontiers à un certain vernis d'instruction qui n'est pas trop gâté par une sotte suffisance.

— Que diable viens-tu me conter d'émigrés, lui dis-je, et où les cherches-tu? Il faut, pour oser te permettre chez moi une pareille algarade à cette heure de la nuit, et pour courir les rues par l'abominable temps qu'il fait, que tu aies au moins triplé ton énorme ration de kirsch de Faucogney. Laisse-moi travailler, au nom de Dieu, car je n'ai pas de temps à perdre avec des fous.

— Je ne suis ni fou, ni ivre, mon officier, répondit Jean Leblanc, en secouant la tête; un émigré étoit caché dans une maison voisine, c'est de notoriété publique. Nous l'avons débusqué il n'y a pas dix minutes, et mes camarades n'ont perdu sa trace qu'à quelques pas de votre porte.

— As-tu réfléchi, repris-je en appuyant fortement ma main sur son épaule, que le même chemin conduit à la tienne, et que le lit de Suzanne Leblanc, l'aimable et honorée femme d'un homme de ta connoissance, qui ne rentre jamais chez lui qu'au lever du soleil, est un asile plus sûr pour un émigré qui se cache que le cabinet d'un commissaire extraordinaire du directoire exécutif?

A ces mots, toute la bande partit d'un bruyant éclat de rire, Jean Leblanc excepté.

— D'ailleurs, continua-t-il d'un ton un peu boudeur, mais en évitant de me répondre directement, et comme s'il ne m'avoit pas entendu; d'ailleurs ces lumières que je n'ai jamais remarquées chez vous à une heure aussi indue prouvent assez qu'il s'y passe quelque chose, et que nous n'y sommes pas venus sans raison.

— Elles prouvent, ami Jean Leblanc, que vous raisonnez comme un étourdi. Quand on veut cacher quelqu'un chez soi, on n'allume pas ses chandelles; on les éteint.

Ici les éclats de rire redoublèrent, et je me crus délivré. L'escouade inquisitoriale avoit déjà passé la porte, quand un de mes braves s'avisa de dire : — Pourquoi n'avons-nous pas visité l'alcôve?

Ils rentrèrent. — L'alcôve! l'alcôve! cria Jean Leblanc.

— Quoique vous manquiez assez insolemment aux règles de la subordination, Jean

Leblanc, et surtout aux lois du pays, qui vous défendent d'entrer de nuit dans mon domicile, pour que je me croie autorisé à vous brûler la cervelle (en ce moment, je me saisis de mes deux pistolets), je veux bien vous donner satisfaction pour mon alcôve. Il y a quelqu'un dans mon lit. — Ah! ah! s'écria la troupe, nous y voilà!

Je m'appuyai contre l'alcôve, mes pistolets tournés sur les assaillants.

— Il y a quelqu'un dans mon lit ; il y a une femme, dont le nom et la vue sont interdits à quiconque de vous n'est pas pressé de mourir à l'heure même. Cependant, pour complaire, de tout mon pouvoir, à l'ardeur patriotique de Jean Leblanc, je lui permets d'entrer ici avec moi, et de reconnoître aux cheveux et à la main le sexe du prétendu émigré que je dérobe à vos poursuites. Si quelqu'un ose l'y suivre, je le tue.

— Il n'en faut pas davantage, reprit Jean Leblanc intimidé, qui ne desiroit guère moins que moi de voir son expédition mise à fin. — Citoyens, restez en dehors.

— Couvre-toi de ton fichu et de tes cheveux,

dis-je en ouvrant l'alcôve, et montre ton bras nu à ce héros...—Regarde, Jean Leblanc! est-ce là un émigré?

—Bonté du ciel! reprit-il en riant à son tour à gorge déployée, plût à Dieu qu'ils fussent tous comme celui-ci, les damnés d'aristocrates et de chouans! la paix seroit bientôt faite, au moins de mon côté. Mais n'êtes-vous pas, mon officier, un fier hypocrite, à votre âge, de débaucher ainsi la fleur de nos belles, sans avoir l'air d'y toucher? On ne m'y tromperoit, mordieu, pas, continua-t-il à mon oreille. C'est cette pauvre Jeannette du chemin des Paluds que vous avez endoctrinée de vos fines paroles et de vos tons sournois. Je donnerois ma tête à couper que c'est Jeannette la blonde, car il n'y a pas, à dix lieues autour du Puy, femme qui ait le bras si délicat et d'aussi beaux cheveux, si ce n'est mademoiselle Christ!...

A cette réticence, dont la témérité l'épouvantoit lui-même, il se mordit le doigt.

—Paix, Jean Leblanc! gardez pour vous vos impertinentes conjectures, et allez vous assurer, si vous m'en croyez, que l'alcôve de Suzanne ne vous réserve pas quelque découverte plus importante !

Je pensai qu'il m'étoit enfin permis de respirer. Ils étoient décidément partis ; je mis les verroux. Tout pénible cependant que m'eût paru le cruel embarras auquel je venois d'échapper, je ne sais si le premier moment qui le suivoit ne me parut pas plus intolérable encore. On conviendra qu'il y avoit dans ce concours de circonstances qui donnoit mon lit pour seul refuge à Thérèse, à deux heures d'une nuit si chargée d'émotions et de terreurs de tout genre que chaque minute sembloit nous isoler davantage du reste du monde, plus de sujets de trouble et de saisissement qu'il n'en falloit pour renverser la tête d'un amoureux de dix-huit ans. Mon sein palpitoit avec une telle violence, que je doute qu'il me fût possible, aujourd'hui même où les impressions de cet âge passionné disparoissent de plus en plus effacées par le temps, d'en exprimer les agitations avec une emphase moins lyrique et par une hyperbole moins extravagante que je ne le fis une année après dans le petit roman des *Proscrits*. « Il y

» avoit une tempête dans mon cœur comme
» dans la nature. » Je succombai enfin à cette
lutte de pensées violentes mais confuses, à
travers lesquelles je ne discernois la possibilité
d'aucune résolution fixe, et je m'accoudai sur
ma table avec une sorte de stupeur morne et
muette, où je cherchai à perdre jusqu'à la faculté de réfléchir ; je ne peux pas dire combien de temps cela dura. Tout-à-coup mon
alcôve s'entr'ouvrit, j'entendis des pas qui se
dirigeoient vers moi, je sentis les doigts de
Thérèse qui se glissoient entre mes mains et
mon front. Je me détournai un peu, et je la
vis, vêtue de quelques-uns de mes habits, coiffée de ma toque polonaise, qui ne paroissoit
pas trop large pour sa tête, parce qu'elle y
avoit rassemblé sa longue et épaisse chevelure,
et plus piquante encore que d'ordinaire sous
cet accoutrement improvisé :

—Ne penses-tu pas, me dit-elle, de ce ton
d'aisance et d'abandon que les femmes seules
savent prendre dans les moments décisifs, ne
penses-tu pas que j'ai des airs de Théophile?...

Théophile, dont elle me parloit, étoit un
bon petit jeune homme d'Orléans, que d'ex-

cellentes études en minéralogie m'avoient fait donner pour collègue dans notre scientifique expédition, et que je venois de faire partir pour Béfort, où il devoit prendre la voiture.

—Cela est frappant, lui répondis-je en souriant, parce que son intention m'avoit saisi d'abord, et vous pouvez rentrer sans danger, avec ce déguisement, dans la maison de votre père. Mais l'infortuné contre lequel je changerois si volontiers mon sort est-il aussi à l'abri de tout danger?

—Je le crois, reprit-elle; je ne me suis évadée qu'après m'être bien assurée de son départ; il a de bonnes armes, un cheval prêt au chalet où je vous ai vu pour la première fois l'année dernière, et votre croix d'acier passée au cou.

—Dieu soit loué! m'écriai-je, il faut espérer que cet heureux ouragan le protégera; mais il y a encore loin d'ici au pont d'Huningue, et je vous avoue que je me confie un peu plus, pour le salut de votre mari, à son cheval et à ses armes qu'à la châsse de saint Claude et à ma croix d'acier....

Après m'être assuré de l'extérieur, je la reconduisis ; je rentrai plus tranquille. Je dormis.

Jean Leblanc vint me réveiller à sept heures, pour me prier, d'un air moitié humble et moitié rusé, de vouloir bien attester le beau fait d'armes qu'il avoit si glorieusement accompli la nuit précédente, et dont personne, en effet, ne pouvoit rendre plus pertinemment témoignage que moi-même. Je compris fort bien, à la gauche subtilité de ses expressions, qu'il prétendoit me faire acheter sa discrétion à ce prix, et quoique la réputation de Jeannette la blonde eût déjà subi assez d'échecs dans le village pour ne pas mériter des ménagements bien scrupuleux, je fus enchanté de la sauver à si bon marché. Je me souviens même que je pris plaisir à faire de mon certificat une de ces magnifiques amplifications historiques dont le secret commençoit à se perdre depuis les *carmagnoles* de Barrère, et ne s'est retrouvé dès lors que dans les bulletins. Si Jean Leblanc a plus tard obtenu quelque décoration honorifique pour ses prouesses, et je n'en serois pas trop surpris, à la manière dont on les donne le plus souvent, ce persiflage aura sans doute admirablement figuré dans son dossier.

Pendant que j'écrivois, mes amis avoient réuni autour de moi leur petite caravane, et se disposoient gaîment à gagner pays, avec leurs ustensiles de minéralogistes, leurs boîtes de fer-blanc pour herboriser, et leurs filets à papillon. Ma chambre étoit pleine de monde quand Thérèse y entra :

—Voilà, dit-elle en jetant sur ma table un petit paquet proprement enveloppé d'un linge blanc, quelques effets que M. Théophile avoit oubliés chez mon père. Nous, continua-t-elle avec un regard significatif, nous n'oublions jamais rien !

— Et moins Théophile que personne, interrompit un de mes camarades ; je parie que l'étourdi a mieux oublié que cela chez la belle Thérèse, et qu'il y a laissé aussi son cœur, car il ne parloit d'elle qu'avec l'enthousiasme d'un amant !

—Un amant ! s'écria Thérèse en riant, un amant ! Oh ! mon amant est bien loin, s'il court toujours !

Ces paroles, si heureusement appropriées

à la circonstance, et dont le tour populaire déguisoit une communication si essentielle et si difficile, soulagèrent mon cœur d'un poids immense. Je n'avois pas besoin d'en savoir davantage.

Huit jours après, je n'avois perdu de vue ni Thérèse, ni l'humiliant et doux penser du premier amour frustré dans ses illusions, mais les événements étoient de nature à me distraire pour quelque temps de mon chagrin. Le coup d'État de Germinal venoit de changer encore une fois l'aspect de la France. Les sociétés populaires se réorganisoient sous le nom de *cercles constitutionnels*, et sous la présidence d'un *régulateur*, assisté d'un *notateur*. La redoutable loi des otages, interprétée comme on interprète ordinairement les lois redoutables, c'est-à-dire de manière à consterner toutes les classes de la société, quoique, dans la pensée du législateur, elle n'en menaçât qu'une, alloit être mise en vigueur. La terreur se réveilloit, non pas comme le lion de Billaud-Varennes, ce seroit lui faire trop d'honneur, mais comme le tigre dont parloit Vergniaud; les partisans de l'ordre tenoient bon, mais les autres étoient les maîtres. Je tombai à Besançon au milieu d'une bagarre, et j'y fus pris. Je n'étois pas chanceux dans les passions de ma jeunesse. La liberté me traita comme l'amour; et bien que je ne puisse pas dire, même aujourd'hui, ce dont je fus accusé alors, je ne dus la vie, dans le partage des voix, qu'à l'humanité d'un juré, dont la rigueur m'auroit épargné bien des misères. Ce n'étoit guère le temps de me souvenir du *Puy*, de sa vallée enchantée, de ses ruisseaux, et de ses nymphes !

Il faut convenir que je gagnai quelque chose à cette escapade où j'avais joué si gros jeu sans savoir pourquoi. Il n'y a rien qui attendrisse l'âme et qui la dispose à la tolérance comme le malheur; mais cette disposition s'accroît dans une proportion incroyable en face de cette cruelle légalité des passions politiques où les peines sont si peu en proportion avec les délits. En temps de révolution, et quel que soit le parti qui domine, si vous cherchez gens d'esprit et de cœur, exaltation sincère, sensibilité sympathique et bonne conversation, faites-vous ouvrir les prisons d'État. Depuis quarante ans on y a vu passer tout ce qu'il y a de généreux en France, et je doute qu'on eût beaucoup perdu si on avoit constitué un patriciat national sur écrous au lieu de le constituer sur brevets et sur parchemins. Disons mieux; les excellents citoyens qui réclament l'abolition de la peine de mort en matière d'opinion (et plût à Dieu que cet effroyable vestige des sacrifices barbares de nos aïeux disparût de notre législation pour tous les crimes, ce seroit un grand crime de moins!), ceux-là, dis-je, ne sont pas seulement de vrais philanthropes dignes de la reconnoissance du monde, ce sont encore des philosophes très-judicieux et des politiques très-profonds. Il n'y a rien qui sollicite le dévouement comme le cri du sang. Tout homme grandit quand il a devant lui la guillotine et le panier. J'ai vu telle des innombrables victimes de nos discordes et de nos réactions qui ne s'est jamais détournée de sa ligne, parce que l'échafaud étoit au bout, et qui auroit rebroussé chemin dès le troisième pas s'il s'étoit agi de l'admonition d'un commissaire de police ou de l'amende d'un écu.

Ce qui nous flattoit, nous, ce qui nous entraînoit irrésistiblement, et je le sais bien, c'étoit la possibilité, c'étoit l'espoir de mourir, c'étoit l'émotion du peuple qui nous regarderoit aller, l'idée vague que nous laisserions dans un cœur de femme, le souvenir d'enthousiasme ou du moins d'attendrissement que nous garderoit un parti. La représentation de la mort, pour une cause que l'on s'est accoutumé à croire bonne, en fait oublier le dénouement; et puis, quand on a la vanité de son temps ou celle d'un caractère jaloux de célébrité, qu'importe quelle main vous jettera sous les yeux de l'histoire, fût-ce la main du bourreau! Aussi, voyez comme ils meurent, et tuez-les encore, si vous l'osez, les royalistes, les républicains, les impériaux, les *carbonari*, les proscrits de toutes couleurs! Ils font envie à leurs juges.

La réaction de Germinal ne s'exerçoit que sur les émigrés et sur une génération d'enfants qui ne vouloit point de la terreur, par tradition, ou par raisonnement, ou par instinct. Les émigrés prisonniers furent donc, du premier abord, nos amis naturels; et l'acte d'absolution qui nous rendit à nos parents ne relâcha point cette intimité contractée sous le poids d'une infortune solidaire. Nous continuâmes à les visiter et à les servir de toutes nos forces, quelquefois avec succès. Il n'y avoit rien de plus facile en ce temps-là que d'obtenir des certificats de domicile pour le premier venu dans les villages de nos montagnes, où tout le monde étoit essentiellement aristocrate, parce que les agents insensés de la démocratie avoient révolté contre leurs principes la classe du peuple la plus intéressée à les adopter, en violentant la conscience religieuse et en persécutant la pensée. On auroit à peine trouvé un bon chrétien sous le chaume, qui ne faussât très-volontiers le texte exprès des *commandements*, en prenant le nom de Dieu en vain pour racheter la tête d'un proscrit, et si c'est là un crime devant le Seigneur aux yeux des casuistes, je ne saurois penser que c'en soit un aux yeux de l'humanité. Les conseils de guerre, qui jugeoient sans appel en matière d'émigration, et qui se composoient d'honorables soldats fort prévenus contre ces cruautés injustes et inutiles, ne demandoient ordinairement pas mieux que de trouver un prétexte pour absoudre, et c'étoit plaisir de les voir renvoyer chaque jour d'accusation un marquis assez maladroitement déguisé sous le masque d'un paysan. Je me souviens à ce sujet d'une anecdote qui donnera quelque idée de cette immense laxité d'indulgence, heureuse compensation de la férocité des lois. Nous avions un compagnon de périculeuses aventures qui s'appeloit Léon de B...., et dont la destinée avoit été très-romanesque. Pris à Lyon les armes à la main, parmi les débris de la colonne de Précy, et condamné à mort par la commission militaire d'Orange, un défaut de forme ou d'occurrence tout-à-fait providentiel le ramenoit dans son cachot du pied de la guillotine, avec la seule expectative d'y monter le lendemain, quand arriva le décret de la Convention nationale qui révoquoit ce formidable tribunal et qui annuloit ses arrêts. Comme une charrette bien escortée le traînoit avec vingt autres à Paris, devant le tribunal révolutionnaire dont les pratiques expéditives ne lui promettoient guère une meilleure chance, il s'aperçut un matin, au réveil, que son camarade de chaîne étoit mort, et il parvint à escamoter le passeport du cadavre, qui n'en avoit plus besoin pour se rendre à son dernier domicile. L'individu qui venoit de prendre ce parti extrême d'une manière si opportune, et qui étoit un montagnard du Doubs, nommé Antoine Renaud, détenu sans cause, se trouvoit porteur d'un nez tellement *démesuré* qu'on n'avoit pas imaginé d'autre expression que celle-là pour le décrire dans son signalement, et, par une rencontre fortuite dont le pauvre Léon n'auroit pas été disposé à se flatter dans toute autre circonstance, le nez vraiment extraordinaire qu'il devoit aux bontés de la nature, justifioit assez amplement cette gaîté bureaucratique pour lui ôter jusqu'aux apparences d'une exagération. C'étoit, mais trait pour trait, l'homme du *Cap des nez,* dont le passage à Strasbourg donna tant d'inquiétude à l'abbesse de Quedleinberg et à ses quatre grandes dignitaires. Le voilà donc transféré à Besançon, et rendu à ce qu'on regardoit comme sa juridiction naturelle; il ne s'éleva pas une seule réclamation contre l'identité. Malheureusement notre infortuné Facardin (c'étoit son nom de guerre) avoit vu le jour dans le Quercy, par 44 degrés de latitude, et il n'étoit jamais parvenu à modifier si peu que peu dans sa prononciation la mélopée harmonieuse et richement accentuée de ce beau pays. C'étoit fait de lui s'il s'avisoit de proférer un seul mot devant le conseil. Il se contenta de présenter ses papiers à l'appui de cette configuration caractérisée qui lui servoit de sauvegarde, et il attendit la décision de ses juges dans un état de silencieux abattement qui ne coûte pas beaucoup à feindre en pareille situation. Mais sa sensibilité méridionale ne résista pas à la joie imprévue de l'acquittement, et il exclama les expressions de sa reconnoissance dans je ne sais quel malencontreux idiôme franc-comtois qui n'avoit jamais développé tant de souplesse de rhythme et de modulations, si ce n'est tout au plus entre Cahors et Figeac. Nous frémissions de terreur dans l'auditoire, quand nous vîmes les juges prêts à se rouler sur leurs banquettes, et le président se lever en répétant aussi distinctement que pouvoit

lui permettre une envie immodérée de rire :
— L'absolution est prononcée.

Cette histoire m'en rappelle une autre qui est assez analogue, et j'en dirai tant qu'il en viendra. Celle-ci concerne un certain graveur de Nantua, nommé Chavan, jeune alors et probablement vivant aujourd'hui, garçon spirituel, industrieux, imperturbable, *artiste* enfin dans le sens spécial que les Genevois attachent à ce mot, et doué, tout au contraire de Léon, d'une aptitude presque miraculeuse à s'approprier les manières, le langage et l'accent de tous les pays; espagnol, anglois, italien, normand, provençal, bas-breton, suivant que la circonstance le requéroit; une académie des inscriptions et belles-lettres incarnée, une polyglotte qui s'étoit faite homme. Depuis deux ans qu'il avoit été capturé avec partie d'un régiment allemand, personne n'étoit parvenu à lui apprendre un mot de françois, à lui faire oublier un instant son rôle inamovible de *Kayserlich*. Le froid, le chaud, la faim, la soif, et il étoit fort altéré, ne se manifestoient en lui dans ses besoins les plus extrêmes que par le langage du geste ou quelques articulations incompréhensibles, contre l'impuissance desquelles il manifestoit luimême son indignation par les scènes les plus comiques de désespoir. On le surprenoit dans une rêverie, on l'éveilloit en sursaut, on le frappoit à l'improviste, et son premier cri ne trahissoit jamais le secret duquel dépendoit sa vie. Ce n'étoit que le soir, quand les verroux étoient tournés, et au milieu de nos communications les plus particulières, qu'il dépouilloit la lourde et brutale stupidité du pandour pour nous égayer de folies charmantes, et développer devant nous toutes les richesses de sa gibecière encyclopédique. Le jour du jugement arriva. Chavan, les faces plombées, l'œil morne et nostalgique, l'air abruti d'un troupier à demi crétin, s'assit à côté de son défenseur sans lui adresser ni une parole ni un regard. Chavan étoit dans son identité un accusé important. Il avoit été condamné trois fois à mort, comme déserteur à l'ennemi, comme réacteur du midi, et comme émigré. Vingt témoins le reconnoissoient sous son nom, et l'autorité de leurs dépositions unanimes pouvoit être confirmée jusqu'à l'évidence la plus absolue par le moindre indice de la plus légère émotion qui eût altéré son inaltérable sang-froid. Il les entendit sans sourciller. Son seul moyen de salut étoit la possibilité de l'existence d'un menechme parfait né au village de Kircheberg, dans le grand-duché du Bas-Rhin, et dont il avoit pris le nom et composé l'individualité avec une supériorité de talent mimique propre à faire envie aux plus grands comédiens. Tout-à-coup le capitaine rapporteur annonça qu'un heureux hasard venoit de faire découvrir, parmi les interprètes du conseil, un bourgeois de Kircheberg. Il n'y eut pas un regard qui ne se tournât sur Chavan; mais Chavan n'avoit rien entendu : il puisoit une pincée de tabac dans sa boîte d'étain, la transportoit avec une lenteur solennelle au-dessus de sa large moustache, et la savouroit méthodiquement. A peine l'interprète eut pris la parole pour entrer en conférence avec l'accusé, que la physionomie de celui-ci parut s'épanouir; une hilarité subite anima ces traits si long-temps abattus en s'accroissant graduellement jusqu'à l'exaltation, et les paroles se précipitèrent si abondamment sur ses lèvres que l'oreille la plus exercée à son jargon tudesque auroit eu peine à le suivre. Ce flux de mots menaçoit de ne pas s'arrêter, quand le truchement se retourna vers le tribunal, pour attester que ce soldat étoit son compatriote, et qu'à moins d'être né à Kircheberg, il n'y avoit homme en Allemagne qui pût en parler aussi correctement le patois. Chavan fut mis en liberté avec une feuille de route. Comme il descendoit l'escalier, il aperçut son interprète, lui saisit affectueusement la main, et lui souffla bas à l'oreille, en français fort net et fort coulant :

— Quand vous écrirez à Kircheberg, mon cher camarade, je vous prie de ne pas m'oublier auprès de votre respectable famille. —

Tous nos prisonniers n'eurent pas la même adresse ou le même bonheur. Il en est un dont le souvenir a laissé dans mon cœur une profonde impression de regret. C'étoit un capitaine de cavalerie, nommé Scheyck, qui avoit émigré au commencement de la révolution avec son régiment, et que les sots dédains de Coblentz, l'ennui de l'inactivité, l'amour de la patrie sans doute, et peut-être aussi quelque changement de principes déterminé par l'âge et par la réflexion, avoient décidé plus tard, mais trop tard, deux ou trois mois après les délais de rigueur, à revoir son pays, étourdiment abandonné dans la confusion d'une équipée militaire. Comme il n'avoit point de ressources, il s'étoit refait soldat; et comme il étoit brave entre tous les braves, il étoit redevenu capitaine. Depuis son premier galon jusqu'à sa dernière épaulette, il n'étoit pas un des degrés de son avancement qu'il n'eût franchi au prix de son sang, et qui ne rappelât dans ses états de service un acte brillant de valeur. Sa mauvaise fortune le fit passer à Besançon, et le hasard voulut qu'il y fût reconnu au spectacle par un de ses anciens subordonnés qui avoit fait plus de chemin et qui exerçoit un emploi supérieur dans l'état-major de la place. La loyauté de Scheyck étoit trop sincère pour qu'il pût essayer de se soustraire à l'explication; les lois étoient inexorables. Il s'y soumit. Au bout de quatre ou cinq jours qu'avoit duré sa captivité, nous nous réunîmes dans sa chambre, comme la veille, à l'heure de communication dont jouissoient les prisonniers, pour y vider quelques verres de champagne. On fut gai, suivant l'usage, de cette gaîté exaltée dont il semble que les murs mêmes du cachot protégent l'expansion. Il y eut à l'ordinaire des toasts, et des chants, et du délire. A quatre heures, un officier entra et demanda si le capitaine Scheyck étoit prêt.

— Il est prêt, répondit Scheyck en lui tendant un verre.

Ce malheureux officier venoit le chercher pour mourir, et on ne se doutoit guère parmi nous que Scheyck eût été jugé le matin. Le capitaine nous embrassa, marcha au *Porteau* en fumant sa pipe, mesura du regard sa place sur la terre, comme s'il avoit voulu la marquer dans un bivouac à la tête de sa compagnie, commanda le feu comme il auroit commandé un exercice en blanc; et tomba, du seul poids de son corps, la main sur le cœur et la face au soleil. Je ne crains pas d'affirmer que la république n'a jamais perdu de plus digne défenseur sur le champ de bataille.

Je n'ai pas encore parlé d'un de ces émigrés dont les prévenances et les témoignages d'affection me touchèrent d'autant plus qu'il y avoit entre nous moins de cette sympathie qui résulte de l'harmonie des caractères et du rapport des âges. Il annonçoit une trentaine d'années, et nous avions entendu assurer qu'il figuroit déjà comme garde-du-corps dans cet assaut factice du château de Versailles, qui prépara les sanglantes journées d'octobre. Ce document de prison, confirmé par une tenue et des manières d'ancien régime, que servoient fort bien d'ailleurs la tournure la plus svelte et la physionomie la plus distinguée que j'aie remarquées de ma vie, l'avoient fait surnommer à la geôle *le danseur de la reine*. Hippolyte Dam, plein d'effusion pour moi seul, étoit avec le reste des prisonniers réservé jusqu'à l'austérité, ou poli à ce point de délicatesse formaliste qui exclut l'intimité même du malheur. Son front blanc, couronné de petites boucles de cheveux châtains rudes et serrés, n'avoit jamais fait un pli. On ne le voyoit jamais sourire.

Aucun de nos amis ne s'étoit trouvé muni plus promptement qu'Hippolyte des pièces indispensables pour se soustraire à la mort, et depuis que la diminution progressive des rigueurs légales rendoit les exécutions extrêmement rares, son sort avoit entièrement cessé de m'inquiéter. J'étois libre, et je n'allois presque plus en prison. Le tour le plus avantageux que pussent prendre d'ailleurs alors les affaires d'un proscrit, c'étoit de traîner en longueur. Bonaparte n'avoit fait qu'un pas de Fréjus aux Tuileries, et la France, fatiguée de vengeances et d'assassinats, embrassoit avec confiance l'espoir d'une amnistie universelle. Je fus donc fort étonné d'apprendre qu'Hippolyte insistât tout-à-coup, en dépit du conseil lui-même, sur la solution de son affaire; mais cette impatience ne me fit concevoir d'autre idée que celle de sa sécurité. Je ne m'alarmai point, parce que je n'imaginai pas qu'il eût été aussi pressé si les résultats de sa démarche avoient présenté quelque incertitude, et je m'étois couché fort tranquille sur lui le jour de son jugement. Il étoit six heures du matin le lendemain, quand la sœur Marthe me réveilla.

Vous vous rappelez tous cette bonne sœur Marthe Biget, la providence des malades, la consolatrice des affligés, la protectrice des prisonniers, l'ange gardien des proscrits, qui joignoit, dans sa virile stature, à l'énergie inflexible d'un héros, la tendresse compatissante d'une femme et les vertus d'une sainte. Vous l'avez encore vue, si je ne me trompe, chamarrée par les souverains de l'Europe de rubans, de croix, de médailles, comme une image symbolique de la charité personnifiée, et fléchissant humblement sous le poids de ces magnificences pieuses, en rêvant au parti qu'elle pourroit en tirer pour le soulagement de ses pauvres. Elle n'étoit pas alors si superbement décorée. C'étoit tout bonnement la sœur Marthe en coiffe blanche et en béguin noir, en noir jupon de serge avec le juste pareil, en tablier de toile d'Orange bleue à pois blancs, un petit mouchoir de perkale sur le cou, et parée pour toute richesse d'une grosse jeannette d'argent, dont le cœur énorme avoit été souvent engagé pour procurer quelque secours à un indigent ou quelque douceur à un condamné. Je n'avois point de meilleure amie que la sœur Marthe Biget, comme elle n'avoit point de meilleur ami que moi, et sa protection, si j'en avois voulu, ne m'auroit pas plus failli en 1814, auprès des rois et des empereurs, qu'elle n'eût fait, quinze ans auparavant, près des gendarmes et des guichétiers. Étrange vicissitude des choses! — Sa visite m'étoit si coutumière, quand elle avoit besoin de faire improviser un plaidoyer gratuit pour un accusé insolvable, que je ne fus pas surpris, à l'ouverture de mes volets, de la voir assise et immobile au pied de mon lit.

— Eh bien, sœur Marthe! lui dis-je, qu'avons-nous à faire aujourd'hui? S'il s'agit de vos émigrés, vous savez que mon nom n'est pas une bonne recommandation pour eux. S'il s'agit de vos déserteurs, je vous ai déjà dit que j'avois juré de ne jamais porter la parole devant le conseil qui a condamné entre mes mains Alleyme et Stevenard, contre le texte formel de la loi.

— Ce n'est pas cela, dit sœur Marthe en essuyant une larme d'un de ses gros doigts; c'est une commission d'Hippolyte.

— Hippolyte! m'écriai-je; et que veut-il?....

— Hippolyte! reprit sœur Marthe avec un

regard étonné; tu ne sais donc pas qu'il a été fusillé hier au soir?

— Fusillé!...

— A quatre heures un quart. Il a refusé de faire usage de son passeport et de ses certificats. Il s'est nommé. M. de Maiche l'a bien exhorté. L'abbé Artaud est venu le voir. Il est mort chrétiennement.

Et en même temps, elle me tendoit une boîtelette de sapin dont je faisois sauter le couvercle en grinçant les dents.

J'en tirai un flocon de coton qui enveloppoit une croix d'acier; et dessous, il y avoit ce billet :

«Je vous adresse par une voie sûre, mon pauvre Charles, une croix que vous aviez donnée à Thérèse. De tout ce que nous avons aimé, Thérèse et moi, cette croix ne peut plus protéger que vous. Thérèse est morte il y a dix jours, et je vais mourir tout-à-l'heure. Souvenez-vous de nous deux.

»HIPPOLYTE.»

CLÉMENTINE.

J'avois alors vingt-trois ans, et je ne connoissois de l'amour que cette fièvre turbulente qu'on appeloit de l'amour dans cette génération de malheur dont la destinée étoit de se méprendre sur tous ses sentiments ; maladie âpre, aiguë, dévorante, sans compensations, sans adoucissements, sans espérances, dont les émotions étoient des crises et les élans des convulsions ; frénésie pleine de visions tragiques, parmi lesquelles apparoissoit une image de femme, comme Psyché aux enfers, fantôme inaccessible, insaisissable, qu'entouroient tous les démons de l'imagination, toutes les furies du cœur. Si une circonstance que je ne cherchois plus, parce que j'en connoissois les conséquences toujours semblables, si le caprice du hasard me livroit réelle et vivante l'illusion dont j'étois follement épris, si je parvenois à m'en faire une conquête — ou une proie, — je n'avois pas arraché son dernier voile qu'il ne restoit dessous qu'un marbre insensible. Ma main se refroidissoit sur une main froide qui ne savoit pas la presser ; mes baisers s'éteignoient sur des lèvres glacées qui n'avoient jamais exhalé un soupir du cœur. Cette divinité n'étoit qu'une femme tout au plus ; je me disois : Ce n'est pas elle ; et je me replongeois impatiemment dans le vague de mes songes, pour leur demander un autre amour et d'autres douleurs.

Ce délire où ma vie se consumoit n'étoit pas l'accident individuel, l'infortune d'exception d'une organisation malheureuse. C'étoit l'horrible symptôme d'une passion inconnue, innommée, et cependant commune à la plupart des âmes que la nature avoit empreintes, en ce temps-là, d'un certain caractère d'énergie et d'exaltation ; c'étoit un besoin profond et douloureux d'épreuves, d'agitations, de souffrances, et surtout de changement, la révélation d'un invincible instinct de destruction, d'anéantissement social, réprimé au sein d'un peuple dompté par des institutions de fer, ou distrait dans les camps par des ambitions sanglantes, mais qui rugissoit du fond des âmes oisives comme ces feux souterrains qui annoncent par un long grondement, avant de s'ouvrir un passage, les désastres dont ils vont épouvanter le monde. Toute cette puissance effrayante d'éléments confus, discords, irrités, qui se heurtent, se combattent, se conflagrent, et finissent par rouler sur la terre, en éclatant, la tempête des révolutions, toutes ces fureurs trompées dans leur objet, et dont nous ne savions plus que faire, nous, fils orphelins de la liberté, déshérités par Napoléon, elles nous suivirent dans l'étroite carrière qui nous étoit laissée, au milieu des affections les plus naturelles, des sentiments les plus doux au cœur de l'homme. Encore une comparaison poétique pour débarrasser ma plume de quelques phrases de luxe qui empêchent l'encre de couler, et je n'en ferai plus. Quand un ruisseau de lave en fusion se trouve interrompu dans son cours par une muraille de rochers insurmontables, vous le voyez se révolter, monter en bouillonnant comme le flux contre la barrière qui l'emprisonne, bondir et retomber en hurlant. et se détourner enfin, s'épancher au loin, rouler; répandre ses flots enflammés à travers les vallées pacifiques et les vergers chargés de fleurs. Sous ces métaphores, il y a une histoire. C'est ainsi que nous avons goûté les félicités du bel âge. . . . .

Je sens que j'ai de la peine aujourd'hui à me rendre compte de ces impressions que j'éprouvois si distinctement alors. Des mots, des mots, et rien de plus. La pensée n'est plus là pour vivifier la parole. Le foyer de l'incendie subsiste encore, mais il n'y a que de la cendre.

Le changement qui s'opéra dans mes idées fut soudain ; il fut étrange, il fut long-temps un mystère incompréhensible pour moi-même. Le désordre de mes passions métaphysiques m'éloignoit à Paris de ce monde méthodique et circonspect où la fougue sauvage que mes amis prenoient pour de l'enthousiasme ne m'avoit donné que la réputation d'un enfant maussade à cerveau dérangé. Les principes d'opposition hostile et violente dans lesquels je m'étois précipité en aveugle, probablement pour jeter dans ma route aventureuse quelques dangers de plus, m'auroient ouvert aisément deux ou trois salons d'aristocrates de la vieille roche, fort infatués de leur noblesse, mais fort accoutumés à descendre au besoin de ses sublimes hauteurs, quand il s'agissoit de lier aux intérêts de la bonne cause le dévouement d'un jeune courage ; mais je n'en fréquentois qu'un, parce que j'y portois des affections plus intimes, le penchant qui nous entraîne vers des compatriotes dont le nom a souvent retenti autour de notre berceau ; l'habitude du respect qu'inspire en province plus qu'ailleurs l'illustration d'une maison historique dont le collège et la tradition nous ont appris les services et signalé les monuments ; le souvenir surtout d'une bienveillance particulière dont les miens avoient ressenti les effets depuis plusieurs générations ; et qui s'étoit en dernier lieu étendue jusqu'à moi. Bientôt je n'allai plus que là. Je fis plus, je portai la condescendance au point de m'y dépouiller, apparemment d'abord, et peu à peu fort réellement, de ma mélancolie ombrageuse et de mon dévergondage sentimental. Ce qui m'en est resté n'est vraiment rien. Que ne feroit-on pas pour plaire davantage à ceux dont on se croit aimé ?

Il y a des gens qui penseront que ce sacrifice eut peut-être encore quelque autre motif secret que j'oublie, et je l'ai cru depuis comme eux ; mais je ne m'en doutois pas. Quoi qu'il en soit, je devins à peu près sage ; et je m'aperçus que j'étois devenu sage parce que je devenois heureux.

Mes nobles patrons n'avoient pas d'enfants; mais l'amitié leur avoit donné une pupille charmante, dans une jeune personne de notre pays commun, sortie depuis quelque temps d'un des brillants pensionnats de la capitale, et que sa mère avoit jugé à propos de laisser passer une année entière au milieu d'une société parfaitement choisie, pour y contracter des habitudes élégantes que l'éducation n'enseigne pas, et qui embellissent, dit-on, les plus heureux naturels. (Embellir le naturel, entendez-vous?) Elle étoit très-noble aussi, d'une de ces noblesses chevaleresques et féodales, à bannières et à créneaux, qui menoient, il y a cinq ou six cents ans, grandes fanfares dans les tournois, et qui remplissent de leurs prouesses les chroniques et les romans. C'étoit cependant la première chose que l'on oubliât auprès d'elle, tant elle étoit simple, modeste et gracieuse en son accueil; car la fantaisie même ne se composeroit pas dans ces rêveries merveilleuses qui passent de bien haut l'œuvre de l'art, et quelquefois celui de Dieu, un assemblage plus achevé de charmes et de vertus, de naïveté et d'esprit, d'innocence et de sensibilité. Un autre oseroit la peindre ; et moi si je savois que Lawrence eût conçu cette insolente présomption; si l'on parvenoit à me persuader que le tableau sacrilége est suspendu là, derrière moi, à ce panneau vide et triste au regard, qui fait face à mon alcôve, et où quelque ornement moins précieux ne siéroit pas mal, je ne me détournerois certainement pas qu'un ami ne l'eût voilé par pitié. Non, je ne me détournerois pas, de peur d'altérer l'idée si vive et si pure encore que j'ai conservée du modèle. — J'ai les portraits en horreur !

Clémentine avoit dix-huit ans.

Il m'étoit facile de me méprendre sur l'attrait nouveau pour moi qui nous portoit l'un vers l'autre. Ces calmes entretiens qui remplissent le cœur sans le bouleverser, ces tendres effusions où deux pensées amies se confondent, ce plaisir ingénu de se voir et d'être ensemble, je ne les connoissois pas. Je n'avois éprouvé des rapports des âmes que ceux qui les froissent, qui les torturent, qui les poussent au désespoir. Je n'avois jamais imaginé d'amour sans hallucinations et sans fièvre; et ce que je sentois auprès de Clémentine, c'étoit un bien-être universel, qui tenoit de l'extase; une fête perpétuelle du cœur, qui se réfléchissoit sur toutes mes sensations; la préoccupation d'un esprit fasciné par des illusions délicieuses, qui s'y plonge avec ravissement, sans s'informer de leur réalité, et qui n'est pas même troublé dans leur possession par la crainte de les perdre. Il y avoit autour de Clémentine une atmosphère, une lumière, une nature, un ciel, qui n'étoient pas ailleurs. Sa voix avoit une autre mélodie que la musique; son regard étoit d'un autre élément que le feu. J'aurois distingué entre mille femmes le bruit léger de ses pas et le frôlement de sa robe; et si j'arrivois avant elle à l'endroit où j'étois sûr de la rencontrer tous les jours, il étoit un moment où mes artères gonflées, où ma respiration suspendue, où mes yeux éblouis d'une lueur fantastique, m'avertissoient de son approche. Je disois comme la prêtresse qui reçoit les communications de sa divinité : — La voilà qui vient! Et elle venoit; car il y avoit des courants dans l'air, qui étoient insensibles pour les autres, et dans lesquels je puisois à une source de vie et de bonheur, quand le souffle de Clémentine s'y étoit mêlé. Je ne me chargerois pas d'expliquer ce phénomène.

De quel coup m'eût frappé alors l'homme cruellement sincère qui m'auroit dit avec cette apathie d'égoïste qu'on appelle de la réflexion et du sang-froid : — Ce que t'inspire cette jeune fille, insensé que tu es, c'est de l'amour! — De l'amour pour Clémentine! et à quel titre? et pour quel avenir? et sous les auspices de quelle religion, sur les degrés de quel autel pouvois-je recevoir ses serments?
— Damnation! Les spectres de vingt tyrans héréditaires dont elle portoit le nom se seroient plutôt levés de leurs tombes de marbre, en faisant siffler l'air, au brandissement de leurs épées si long-temps immobiles; les givres et les dragons d'armoiries, animés tout-à-coup par la fée protectrice de ses aïeux, seroient plutôt descendus des donjons en ruines, où ils embrassent encore un reste d'écu caché sous la mousse, pour venir se placer entre elle et moi sur le chemin du sanctuaire! Que dis-je?... Sa mère, qu'elle aimoit tant, et

dont elle étoit si aimée, ne devoit-elle pas auparavant mourir de douleur, en la maudissant peut-être ! J'aurois cent fois brisé mon cœur, si je l'avois jugé capable de s'ouvrir à une pareille frénésie ! — Ce n'est pas tout. Clémentine étoit riche, beaucoup plus riche que je n'avois l'espérance de l'être jamais; et là-dessus ma résolution étoit prise irrévocablement. A ce genre d'incompatibilité je ne connois point de transaction possible. L'amour comptant des pièces d'or au seuil de la chambre nuptiale!... quelle ignominie! Du plomb fondu versé goutte à goutte dans mes veines pour lui épargner une larme, à la bonne heure !

Je n'avois aucune idée de ces dangers; ils ne m'ont jamais coûté une veille. Ce n'étoit pas de l'amour, à mon avis : c'étoit bien autre chose; je ne sais quoi cependant, et je n'aurois pas cherché à le dire. Qui auroit pu s'aviser avant moi de nommer un tel sentiment? Les gens qui font les mots savent-ils le secret de toutes les pensées qui s'éveilleront d'ici à la fin des temps au fond d'une âme d'homme? Les bons pédants, avec leurs noms et leurs définitions! Je renferme là, rien n'est plus sûr, une langue entière pour laquelle la voix humaine n'a pas une parole ; et cette langue, je la sais pourtant, quoique je ne puisse pas l'écrire. — Mais si je l'écrivois un jour, l'entendroient-ils?

Je m'aperçus au bout de quelques mois que mes visites, de plus en plus fréquentes, étoient reçues un peu plus froidement. Clémentine elle-même témoignoit à mon égard une réserve presque cérémonieuse, qui paroissoit plutôt imposée que naturelle à son caractère expansif. Un élan franchement tendre, un mot insignifiant que je savois comprendre, un regard sans objet apparent que je savois saisir, un de ces riens qui sont tout, suffisoit à me consoler. Cette position équivoque dura trop peu d'ailleurs pour me donner le temps de concevoir des inquiétudes sérieuses. Mon séjour à Paris avoit un terme déjà franchi malgré les instances de mon père, et je ne sais comment je me serois résolu à partir, si Clémentine ne s'étoit disposée à revenir bientôt habiter notre province. Le jour des adieux vint enfin avec toutes ses tristesses, mais encore embelli, en espérance, d'une minute de bonheur. — Je me trompois. Clémentine n'y étoit pas.

A l'instant où je traversois, pour sortir, une petite pièce qui précède l'appartement, je la rencontrai. J'ai oublié ce que je lui dis, ce que j'essayai de lui dire; mais je me souviens qu'elle ne me répondit pas. Nous étions assez éloignés l'un de l'autre ; car du moment où nous nous étions vus, nous étions restés immobiles chacun à notre place. J'osai la regarder fixement, parce qu'elle ne me regardoit point, et cependant son attention ne paroissoit occupée par aucun autre objet. Sa physionomie avoit une expression vague, mystérieuse, extraordinaire, que je n'avois pas encore remarquée dans ses traits. Elle étoit pâle; elle avoit l'air de souffrir ou d'avoir souffert. Je n'insistai point en paroles inutiles; mon imagination ne me les auroit pas fournies; ma bouche auroit tenté vainement de les articuler. Soit que ma tête s'égarât, soit que j'eusse mal jugé des droits que me donnoit l'amitié, cette amitié passionnée dont je parlois tout-à-l'heure, je m'élançai vers elle avec une impétuosité extravagante; je saisis sa main; j'allois la porter à mes lèvres, quand elle la retira brusquement, d'une manière qui annonçoit de la colère et de l'effroi. — Clémentine! m'écriai-je en relevant subitement les yeux sur les siens! J'y trouvai le même mélange d'indignation et de terreur; mais j'eus à peine le temps de la voir, et je me persuadai assez facilement depuis que je pouvois m'être abusé sur la nature et la cause de son émotion. Elle avoit disparu en poussant une plainte indéfinissable, un gémissement sourd et profond dont l'accent me déchira. Il me sembloit que ce n'étoit pas ainsi que nous devions nous séparer. Je partis cependant.

Tout cela n'avoit rempli qu'une minute. Cette minute remplit six mois de ma vie. Je la vis pendant six mois dans cette attitude, avec ce regard, et je ne vis pas autre chose. Pendant six mois, je sentis sa main s'arracher de la mienne, de ma main qui s'efforçoit convulsivement de la retenir. Ce cri douloureux qui pouvoit se traduire en tant de sentiments divers, et dont l'interprétation toujours nouvelle me faisoit passer dans le même instant de la volupté la plus pure au délire de la douleur, je l'entendis pendant six mois. Une étude grave, un péril pressant, une fête, un duel, rien ne pouvoit m'en distraire, et je n'aurois voulu à aucun prix en être distrait. Quand le monde m'entraînoit malgré moi dans le torrent de ses affaires et de ses dissipations, je ne cessois de me répéter tout bas le nom de Clémentine, pour m'isoler de la multitude; je le faisois retentir comme un écho perpétuel de l'âme à travers toutes mes pensées. Je savois combien il falloit de temps pour le prononcer, pour l'écrire mille fois, et c'étoit le seul emploi de mes heures, la seule joie de ma solitude. J'étois parvenu à m'imaginer que la distance et le temps ne nous tenoient éloignés qu'en apparence; que je ne l'avois pas réellement quittée; qu'un autre moi-même, plus constant, plus assidu, avec lequel je communiquois sans effort, vivoit à ses côtés de sa vie et de sa présence, et que j'assistois par lui aux scènes peu variées de ses jours, comme un spectateur invisible. — Cette robe lui sied, disois-je; elle l'a mise aujourd'hui, parce qu'elle devine que je la vois, et qu'elle se rappelle qu'elle n'en a point dont la couleur me soit plus agréable. Quel souci fait passer une ombre légère sur son front? Je ne saurois m'y méprendre; car c'est son habitude alors de rouler ainsi ses doigts dans les boucles de ses cheveux. On lui parle d'une idée qui l'irrite et qui la contraint; j'en suis sûr au pli imperceptible qui vient de se dessiner sur son sourcil à peine relevé. Peut-être est-elle menacée de quelque retard à son voyage! Grâce au ciel, l'obstacle est levé; le sourcil redescend; le pli s'efface; elle sourit. Elle est donc heureuse de revenir !..... Et moi aussi j'étois heureux !

Un jour, on dit qu'elle arrivoit, et quelques jours après qu'elle étoit arrivée. Je doute que ce changement dans ma situation ne m'ait pas causé plus de trouble que de plaisir. Je comprenois peu le nouvel ordre de relations qui alloient s'établir entre nous. Je n'en prévoyois pas clairement la portée et les conséquences. Il me sembloit que je n'avois pas eu le temps de m'y préparer, et qu'il étoit trop tôt pour la voir; j'aurois voulu quelquefois rester comme j'étois, sous un prestige doux, qui ne dépendoit que de moi seul, et dont aucune volonté étrangère à la mienne ne pouvoit rompre l'enchantement. Quand on me dit qu'elle alloit passer, ma poitrine se souleva comme si elle avoit dû éclater ; mes jambes défaillirent ; mes yeux se voilèrent ; je ne la vis pas. C'étoit dans une promenade. Au retour, je me décidai à maîtriser mon âme, à l'affermir, à subir ce bonheur accablant qui m'effrayoit, parce qu'il n'y manquoit presque rien pour qu'il fût mortel. Nous la saluâmes. Elle répondit avec grâce, mais sans nous donner lieu de croire qu'elle eût remarqué entre nous personne en particulier. Je voulus renouveler cette épreuve. Elle regarda cette fois, mais ses yeux distraits se détournèrent quand ils alloient rencontrer les miens. Les jeunes gens qui m'accompagnoient grossirent bientôt un à un le groupe où elle s'étoit assise. Alors elle ne regarda plus. A son départ, le mouvement de la foule m'avoit poussé si près d'elle qu'elle fut presque obligée de m'effleurer pour la traverser ; elle ne m'accorda qu'autant d'attention qu'il en faut pour éviter l'embarras qu'on trouve dans son chemin. C'étoit elle cependant; je l'avois vue d'assez près pour la reconnoître. Je l'avois même entendue; elle rioit.

Il y a d'affreuses nuits!

Le lendemain, le surlendemain, souvent, je la rencontrai seule. Elle me saluoit encore, comme à regret, sans me regarder, ou tout au plus en laissant tomber sur moi un regard de plomb. Je crus deviner.

— Rien de plus naturel, dis-je amèrement. C'est en effet Clémentine; mais ce n'est plus celle que j'ai vue: ce n'est plus le monde où nous étions placés tous les deux; et le monde, c'est l'élément par lequel elle vit, c'est la source où elle puise sa pensée. Dans cet immense chaos de Paris, toutes les inégalités disparoissent, toutes les conditions se confondent. On n'a pas inventé jusqu'ici l'art de blasonner la figure humaine. L'homme qui fréquente la noblesse en reçoit quelque reflet aux yeux du vulgaire. N'ai-je pas entendu dix fois des domestiques imbéciles m'affubler en m'annonçant de leur sotte particule? c'étoit le passeport, la lettre de crédit du roturier présomptueux, l'insolente explication de l'accueil des maîtres, un sceau d'emprunt qui falsifioit ma valeur sociale dans l'intérêt de leur orgueil. Ici, je ne suis que moi, le bourgeois obscur dont ces murailles attesteroient au besoin l'honorable mais simple origine, le ver méprisable qui file un cocon grossier aux branches des arbustes, et dont cet essaim de papillons étourdis ne prévoit pas l'essor radieux ! Cette humiliation n'est au fond que la conséquence nécessaire de mon erreur. — J'ai rêvé ! —

Non, repris-je aussitôt. Non, cela n'est pas possible. Une foiblesse aussi vulgaire se comprend facilement dans cette populace de nobles, qui est à peine capable de distinguer les choses de leur apparence ; mais elle est incompatible avec les sentiments généreux d'une âme tendre, élevée, puissante, le chef-d'œuvre et l'honneur de la création. Quelques mois suffisent pour bouleverser des empires, pour niveler des montagnes, pour déplacer des fleuves de leur lit. L'éternité ne suffiroit pas à produire une telle métamorphose dans cette organisation d'élite où Dieu a déposé le germe de tant de sagesse et de vertus ; où un naturel sublime a protégé ce germe précieux contre l'influence de l'éducation et des préjugés; où je l'ai vu se développer, se fortifier, grandir à une hauteur inaccessible au vol de l'enthousiasme! Il faut chercher ailleurs les motifs de mon infortune. Qui sait de quelles couleurs je puis avoir été peint devant elle? Qui sait, hélas! quel prétexte n'ont pas fourni aux mauvais offices de la haine les agitations, les violences, les excès de ces deux ou trois années d'épilepsie et de démence qui ont précédé le jour où je la vis pour la première fois? C'est sous ce rapport qu'elle me connoît aujourd'hui, si différent de ce qu'elle avoit imaginé, et mon caractère véritable, celui que je dois à la nature ou à Clémentine, n'est autre chose à ses yeux que le masque odieux d'un hypocrite. Elle croit m'avoir deviné. Elle me méprise, elle m'abhorre. Voilà tout!

Je m'arrêtai à cette idée, tout affreuse qu'elle fût. Je m'y arrêtai peut-être parce qu'elle étoit affreuse. Le hasard me procura bientôt l'occasion de l'éclaircir.

Je ne sais plus quelle obligation m'avoit

livré aux ennuis d'une de ces soirées d'apparat et de fête qui sont insupportables partout, mais qui ne le sont nulle part autant que dans la *bonne* compagnie. Clémentine y arriva tard, en s'excusant sur une migraine dont elle avoit été tourmentée, et qui laissoit des traces trop sensibles sur son visage abattu. Je n'avois pu me soustraire à sa vue et à l'humiliante expression de sa politesse dédaigneuse; mais, quand tout le monde fut assis, je restai debout, et j'affectai de me diriger vers la porte du salon, pour lui faire comprendre que ce n'étoit pas l'espérance de la rencontrer qui m'avoit conduit dans cette cohue. Mon intention étoit en effet de me retirer, mais la force me manqua. Je tombai dans un fauteuil heureusement assez éloigné du cercle des conversations et des jeux pour que je pusse me croire seul, et m'abandonner sans contrainte aux idées pénibles qui m'oppressoient. L'espèce d'anéantissement où j'étois plongé me permit à peine de remarquer que le bruit diminuoit de plus en plus autour de moi, et que la société, attirée par des symphonies qui s'exécutoient dans un pavillon du jardin, s'y étoit jetée tout entière au milieu d'une avenue illuminée. Clémentine avoit sans doute allégué sa maladie pour se dispenser de prendre part à ces plaisirs, et la tête appuyée dans sa main d'où ruisseloient les ondes de ses blonds cheveux, elle étoit encore là, penchée sur le bras d'un canapé. Je tressaillis et je me levai. Elle poussa un foible cri en m'apercevant, et s'élança pour sortir. J'étois déjà sur son passage.

— Pardonnez-moi avant tout, mademoiselle, dis-je en lui opposant mon bras étendu ; mais n'allez pas plus loin sans me répondre. Le repos, le bonheur, l'honneur de ma vie, exigent que j'obtienne de vous une explication.

— Une explication ! s'écria Clémentine étonnée.

— Mon impatience et mon trouble ne me permettent pas le choix des mots. Il y va pour moi d'intérêts plus graves qu'une vaine observation des bienséances. Pardonnez, je le répète, et oubliez bientôt, s'il est possible, ce qu'il y a d'irrégulier, d'inconvenant, de téméraire dans ma démarche, mais écoutez d'abord. Vous le devez à vous-même. Quels infâmes rapports, quels mensonges artificieux ont fait tomber sur moi la colère et le mépris de la seule personne dont l'estime me soit chère au monde?

—J'aurois singulièrement jugé, répondit-elle avec quelque hauteur, de l'impression que votre vue me fait éprouver, si elle se manifestoit sur ma physionomie d'une manière offensante. Je n'ai aucune raison de vous mépriser. La colère, la froideur même supposent une habitude de relations intimes qui n'a jamais pu nous rapprocher. Personne ne s'est permis de me tenir sur votre compte un langage que je n'aurois pas pris la peine d'entendre, ou que j'aurois certainement oublié. Votre repos, votre bonheur, votre honneur, n'ont donc été sérieusement compromis que dans votre imagination, dont je n'ai ni le droit ni l'envie de réprimer les mouvements, mais qui m'obligera fort, à l'avenir, de m'épargner le rôle désobligeant qu'elle me fait jouer dans ses... lubies. Mon impatience et mon trouble ne me permettent pas non plus le choix des mots.

Elle fit un pas vers l'avenue.

— J'accepte sans difficulté cet éclaircissement rigoureux, repris-je en l'arrêtant, et je le tiens pour une satisfaction complète; mais il m'importe de vous dire encore que vous avez fait tort à mon caractère en le taxant d'une présomption trop hardie pour la foi que j'avois mise dans votre amitié. Une imagination moins sujette aux lubies que vous reprochez à la mienne s'y seroit peut-être trompée comme moi; la mémoire des sentiments ne s'efface pas si vite dans tous les cœurs, et si mon cœur pouvoit s'ouvrir à vos yeux, si je pouvois, Clémentine, vous faire juger de la profondeur de sa blessure...

— J'espère qu'alors, monsieur, dit-elle en relevant la tête d'un air impérieux et décidé, vous auriez assez de sens et de délicatesse pour me dispenser de recevoir vos confidences!

Elle sortit, car je ne la retenois plus. Il ne me restoit pas une idée, pas une volonté. Elle avoit tué mon âme.

— Cela est bien, pensai-je quand je fus libre. Celle-là aussi n'est qu'une femme, et une femme noble encore, c'est-à-dire ce qu'il y a de plus pauvre et de plus petit dans l'ébauche d'un être avorté, multiplié par toutes les petitesses et toutes les pauvretés d'un préjugé stupide. Orgueilleuse petite fille! ne semble-t-il pas qu'elle tient mon existence dans ses mains, comme un jouet qui n'est bon qu'à jeter ou à rompre? et de quoi dépend la sienne, pour justifier tant de morgue et d'insolence? Les torches qui ont brûlé le château de son père sont-elles si bien éteintes que la vengeance et le désespoir ne puissent les rallumer? ma voix n'a-t-elle pas un pouvoir assez éprouvé sur ces hommes de carnage et de désolation, qui boivent le sang et que le sang ne désaltère pas, pour les convoquer un jour à quelque festin de cannibales? Les révolutions ne sont pas toutes dans le passé, et je n'y ai marqué jusqu'ici définitivement ni mon drapeau ni ma place. Roturiers! nous le serons pour retourner, puisque vous le voulez, au travail de la terre. Nous la creuserons des doigts comme des hyènes, et nous y ouvrirons une fosse qui vous dévorera tous! Oh! qu'il feroit beau la voir s'échapper demi-nue à travers la meute de mes dogues affamés, chercher un refuge dans ces bras qu'elle repousse, presser son sein palpitant d'horreur sur le sein qu'elle déchire, et, le front renversé, crier grâce et pitié, en cillant des yeux épouvantés aux lueurs du poignard! Pitié pour toi, vipère! et que peux-tu redouter? N'es-tu pas noble, Clémentine, et la peur a-t-elle troublé ton cœur d'enfant au point de te faire oublier que le fer du peuple se brise ou se rebrousse contre le flanc d'une fille noble? Où serait autrement le privilége de ta race? Ton cœur! as-tu ménagé le mien? Rien ne pouvoit nous rapprocher, selon toi! qu'en dis-tu? C'est que tu ne pensois pas à l'étreinte de la victime et de l'assassin! Regarde! elle est aussi complète, aussi passionnée, elle est mille fois plus voluptueuse que celle de l'amour! — Comme tu es pâle! Comme tu crains de mourir! Comme tu m'implores lâchement! Va, il n'y a pas dans tes veines une seule goutte de sang noble! tu n'es pas plus courageuse que tu n'étois bonne et belle, quand je croyois t'aimer! Que parles-tu de sensibilité, d'humanité, de pardon! Ah! j'ai une idée confuse des sentiments que tu me demandes, mais je les ai désappris tout d'une fois, je ne sais plus où, un soir de printemps, dans un salon de bal, au bruit d'une symphonie qui alloit à l'âme. Je m'en souviendrois peut-être pour un enfant, pour un vieillard, pour un homme, quel qu'il fût, qui me diroit : Ne me tue pas! et qui me presseroit la main. Pour une jeune fille noble, jamais!... il faut qu'elle meure! —

Je disois ceci à haute voix en courant dans la promenade, déjà abandonnée de tout le monde, où le hasard m'avoit amené par des chemins que j'ignore. Ces derniers mots frappèrent mon oreille, comme s'ils avoient été articulés près de moi par un démon. —Ah! mon Dieu! mon Dieu! dis-je avec effroi, effacez du livre éternel ces blasphêmes exécrables! ce n'est pas moi qui les ai proférés! ce ne peut pas être moi. Je n'ai point d'armes; je ne veux point d'armes; je n'ai point de sang sur les mains! je n'ai tué personne!

Et je me précipitai au pied de l'arbre auprès duquel elle avoit coutume de s'asseoir. Le sable que frappa ma tête, elle l'avoit foulé la veille. Je le parcourus, je le pressai avidement de mes lèvres ardentes, et je le broyai entre mes dents.

J'avois compris tous mes malheurs à la fois. Je savois, à n'en plus douter, que cette fièvre qu'elle avoit allumée dans mon sang, c'étoit l'amour effréné, l'amour malade et furieux, une passion absurde, sans espérance et sans excuse, dont l'extravagance ne pouvoit se mesurer qu'à ma misère. Je pleurai de rage et d'indignation contre moi-même; je craignis de devenir fou, et puis je le desirai. Un fou, il aime ce qui lui plaît; il ne voit point d'obstacle à ses vœux; il souffre d'un malheur dont il attend la fin, et il ne souffre pas seul, car il est sûr d'être aimé. Il épousera cette femme sensible et fidèle dont le sépare la haine d'un rival qu'elle déteste ou la malice d'un enchanteur qui la persécute aussi. C'est bientôt qu'il doit l'épouser; quand les galions de l'Inde lui auront rapporté ses trésors, ou quand ses vassaux révoltés viendront le prier à genoux de reprendre ses droits et sa couronne. Il croit en l'avenir; — et je ne connoissois point de bonheur possible qui valût son illusion, moi dont nul événement ne pouvoit changer la destinée, moi qui n'aurois pas accepté la main de Clémentine si elle m'avoit été offerte. —

Affreuse tyrannie de la société, qui jette un homme dans un paradis de délices, et qui lui dit comme le Dieu jaloux : Tu ne toucheras point à ce fruit d'élite et de prédilection, parce que je me le suis réservé ! — Et pensez-y bien ! quand vous n'existerez plus que par le sentiment qui vous est interdit, on vous permettra, que dis-je ? on vous prescrira de vivre ? On rivera la chaîne de votre âme à cette odieuse prison de chair dont tout le monde porte la clef sous la monture de son canif ou dans le fourreau de son épée ! Vraiment, l'imagination la plus riche en malfaisance, la plus ingénieuse en supplices, ne s'aviseroit pas d'une pareille recherche de cruauté ! Méconnoisse là qui pourra une œuvre de vengeance divine ! Le bonheur du maniaque ou le repos du cadavre, un cabanon à Bicêtre ou un lit de pierre à la Morgue, c'est tout. Si vous ne savez pas choisir, résignez-vous de bonne grâce à tous les raffinements d'une torture qui n'expirera que de votre dernier soupir, qui ne mourra que de votre mort, et qui recommencera peut-être ! Recommencer, revivre, se rappeler, et savoir que c'est pour toujours ! Il n'y a rien à comparer à cette idée dans tous les épouvantements de l'agonie.

Je ne paroissois plus. J'avois brisé tous ces fragiles liens qu'on prend pour des attachements, le filet de l'oiseleur sur un tigre blessé. Rien ne me soucioit. Rien n'étoit capable de dérober mon attention à ce chaos de rêves douloureux où rien ne la fixoit. Je ne me serois pas détourné pour voir crouler le soleil. On le remarqua, parce qu'on remarque tout dans le cercle étroit des petites villes. Deux ou trois femmes vaporeuses, deux ou trois jeunes gens harassés d'ennui, qui venoient d'épuiser le texte ordinaire de la conversation, la pluie, le beau temps, le début d'une chanteuse, la toilette d'une amie absente, l'intrigue très-diaphane d'une étourdie et d'un sot, daignèrent se communiquer complaisamment leurs conjectures sur l'origine et les symptômes de la maladie morale qui m'éloignoit du monde, depuis l'époque solennellement mémorable où j'avois figuré pour la dernière fois parmi les acteurs d'une esclandre politique, les dupes d'une coquette, ou les victimes du brelan. On déplora le malheur inconnu qui causoit mon aliénation. Il falloit cela pour la constater.

Ces bruits parvinrent à mes compagnons d'école, que j'avois perdus de vue près de dix ans auparavant, entre le *Selectæ è profanis* et les *Fables de Phèdre*; à la clôture des anciens colléges. Ferdinand étoit du nombre de ces honnêtes gentilshommes des champs dont le colombier représente assez bien un donjon du moyen-âge, quand on le regarde de loin et avec toutes les dispositions requises pour adopter cette illusion; qui ont un grand salon garni de tapisserie délabrée et de vieux meubles, autrefois fort galants; qui se promènent après leur dîner dans une galerie revêtue ou masquée jusqu'aux frises de portraits de famille inégaux de dimension et de bordures, mais vénérables de cuirasses, d'hermines, de barbes effilées ou d'amples perruques, d'inscriptions héraldiques et de gothique poussière; et qui passent le reste de leur temps entre la chasse aux chiens courants et le billard domestique, par respect pour les traditions des nobles exercices; digne et vertueux jeune homme d'ailleurs, sans procès, parce que son père lui avoit laissé une fortune claire et solide qu'il s'inquiétoit peu d'augmenter; sans emplois publics, parce qu'il ne connoissoit ni orgueil ni ambition; et sans ennemis, parce qu'il étoit serviable pour tous, et qu'il ne portoit ombrage à personne. La nature l'avoit comblé de bonheur comme elle l'avoit pourvu de sagesse, et elle avoit bien fait. Il auroit aimé sa retraite par instinct; il la chérissoit par habitude et par philosophie. Une excellente petite femme du même rang, mais du même caractère, étoit venue depuis quatre ans l'embellir en la partageant. Deux enfants, jolis comme des anges, et bien portants comme des paysans, avoient dès lors doublé cette heureuse famille à laquelle il faut ajouter quelques gens de service, qu'on traitoit comme d'autres enfants. A quatre lieues de la ville, au revers d'un coteau délicieux, tout près d'une forêt immense qui versoit jusque sur le château la fraîcheur de ses ombrages et la grâce de ses murmures, sous un toit bien spacieux et bien confortable, entre de bonnes murailles bien épaisses et bien cimentées, mais d'un aspect riant, qu'embrassoit un superbe clos de dix-sept arpents dont la rivière baignoit l'enceinte blanche et entretenoit les viviers, il y avoit là un tableau à faire pleurer de joie.

Ferdinand vint me voir ; il s'assit à côté de moi, me pressa cordialement la main, et, après un moment de silence expressif pendant lequel nous nous rappelâmes plus de doux souvenirs d'enfance que nous n'aurions eu le temps d'en raconter en deux jours :

— Tu souffres, me dit-il, et je ne t'en demanderai pas la cause : il y a des chagrins qui se soulagent à s'épancher, mais il y en a aussi qu'on aggrave en les montrant aux autres, comme ces blessures que l'air envenime, et dont le moindre contact irrite la douleur. Nous passerons donc là-dessus pour ne pas te contrarier, quoiqu'il y ait peut-être plus de remède que tu ne penses à ton affliction.

Je lui témoignai qu'il se trompoit.

— Soit, continua-t-il ; je n'y reviendrai plus. Ne te guéris pas, si telle est ta destinée ou si telle est ton envie ; mais ne repousse pas du moins les soulagements qui peuvent rendre ta peine plus tolérable, en te donnant la force de la supporter. Tu n'en connois point.... Je m'en doutois. C'est comme cela que l'on raisonne quand on est malheureux ou qu'on croit l'être, ce qui revient à peu près au même. Il y en a trois cependant dont l'effet n'a jamais manqué, l'amitié, l'étude et le temps. S'ils n'aboutissent à rien cette fois-ci, c'est que tu es placé dans une exception de malheur dont il ne s'est présenté aucun exemple, et je veux bien te complaire en cette idée; mais tu te rendrois coupable d'injustice et d'ingratitude envers ma tendresse en te refusant à l'essai que je te propose. Écoute-moi; tu ne renoncerois probablement pas à la solitude; et je le comprends. La solitude est une amie triste et sévère pour un cœur à plaindre; mais enfin c'en est une, et n'en trouve pas qui veut. Ce que je te demande, c'est d'en changer. Pars avec moi maintenant. Tu n'as pas besoin d'être annoncé. Gabrielle te connoît, elle t'aime. N'a-t-elle pas pris part à nos jeux d'enfants? N'est-ce pas elle, s'il t'en souvient, qui jouoit Clorinde au château, dans cette belle pantomime de la *Jérusalem délivrée* où tu étois déjà si rêveur et si mélancolique sous l'armet du farouche Argant? Tu reconnoîtras ton bouclier de carton, magnifiquement couvert de papier d'or. Il est encore appendu au clou auquel tu confias son poids précieux, quand la fin des vacances nous força de quitter Solyme et l'armure des paladins pour retourner au collége et reprendre le dictionnaire. Tu reconnoîtras ta petite chambre au pavillon gauche de la façade, et dans la pièce qui précède, et qui n'est jamais habitée que dans les occasions extraordinaires où nous recevons des visites, une bibliothèque assez nombreuse de ton temps, que je n'ai pas mal augmentée.

— Je me souviens de tout cela comme si je le voyois, interrompis-je en reprenant la main de Ferdinand. As-tu coupé cette jolie pièce de bois qui faisoit un si joli rideau de verdure devant ma fenêtre?

— Le temps y a changé quelque chose, et non pas moi. Elle a grandi. C'est maintenant une futaie admirable, et je pense qu'il faudra peut-être te loger autre part, si tu crains une ombre trop épaisse pendant le jour, et le chant du rossignol pendant la nuit.

— L'ombre et le rossignol, m'écriai-je! oh! certainement c'est là que je logerai!

— Tu viendras donc, reprit Ferdinand d'une voix attendrie!

Un embrassement fut ma réponse, et nous partîmes.

La douceur passagère que ce petit voyage méloit aux amertumes de ma vie devoit avoir un charme bien puissant, à en juger par la place qu'il tient encore dans mes souvenirs. Si j'écrivois une nouvelle, une histoire, un livre, j'effacerois ces détails, qui n'ont que faire ici; mais j'écris, j'écris ce que je me rappelle, ce que j'éprouvois, ce que j'éprouve; et ces détails, les voilà.

Quelques semaines étoient passées. Mon esprit se ressentit du calme de ce séjour de paix où il n'y avoit pas une pensée qui n'eût pour objet de suspendre mes ennuis, ou de les effacer entièrement de ma mémoire.

— Nous y parviendrons, n'en doute pas, me dit un jour Ferdinand, en te réconciliant avec la société que je recherche peu, mais qui n'est pas si haïssable, quand on sait ne prendre d'elle que ce qu'elle a de bon, et lui prêter le concours d'une bienveillance qui est naturelle à tous les cœurs honnêtes, sans lui engager sa liberté. Le commerce des femmes surtout est une source inépuisable de consolations ; mais tu les as jusqu'ici aimées avec la véhémence de ton caractère, et je ne concevrois pas que cette manière de sentir t'eût procuré auprès d'elles un seul moment de félicité complète et pure. Les sensibilités romanesques sont toujours dupes, et c'est la faute de leur exigence. Pour tirer parti de la fréquentation du monde, il faut le prendre tel qu'il est. En t'accommodant à ton espèce, tu aurois trouvé qu'elle a son prix ; je veux te voir entreprendre cette étude, sauf à y renoncer quand elle t'importunera. Nous allons recevoir une société charmante !

— Ne va pas plus loin ! Je crois tout ce que tu m'as dit ; mais je n'en suis pas à ce point de ma guérison. Jouis d'un bien que tu comprends, il n'y a rien de plus naturel. Laisse-moi éviter un supplice qui me fait horreur ; nos conventions m'en donnent le droit. Je reviendrai quand il n'y aura plus ici de société charmante que celle de ta femme et de tes enfants. Ne me parle pas de l'autre!

— Sous cette condition, reprit Ferdinand, je ne gênerai pas ta liberté ; je te l'ai promis. Cependant j'espère encore que tu ne t'obstineras pas dans une résolution trop subite. Il est tel nom qui pourroit t'inspirer plus d'indulgence pour les visites que j'attends, celui d'Estelle de B...., par exemple, dont tu faisois l'autre jour un éloge assez vif, et qui seroit enchantée, j'en suis sûr, de te rencontrer ici.

— J'y reviendrai quand elle sera partie.

— A ton aise. — Ai-je oublié de te dire que sa fortune et celle de sa cousine étoient fort changées ?

— De sa cousine ? Est-il possible ? Clémentine seroit-elle pauvre ?

— Voilà qui est étrange ! tu as dit cela comme si tu étois capable de le desirer !

— Quelle folie ! personne ne fait des vœux plus ardents que moi pour le bonheur d'Estelle... et de Clémentine.

— Elles n'étoient que riches. Elles le sont bien davantage. Un parent éloigné leur a laissé par testament un héritage considérable, et comme le plus beau domaine de la contrée en fait partie, je suis surpris de ne pas les avoir encore reçues, depuis qu'elles en ont pris possession. Il n'est qu'à deux lieues de ma terre.

— Clémentine aussi, murmurois-je machinalement, sans prendre garde à l'expression que ce nom pouvoit avoir dans ma bouche.

— Clémentine aussi! répondit Ferdinand qui me regardoit alors avec une attention pensive. Sans doute! — Clémentine aussi! Rassure-toi! je ne cherche pas à pénétrer ce mystère, quoiqu'il excite assez vivement ma curiosité. Quelle foi faut-il ajouter aux propos qui ont couru sur votre antipathie, sur votre haine, et dont le souvenir m'échappoit? Je n'y voyois en vérité qu'une fable extravagante!

— Et tu avois raison! mille fois extravagante! Dieu préserve de tomber sous ma main le misérable qui a compromis le nom de Clémentine dans ses impertinentes conjectures! l'antipathie est un sentiment, et Clémentine me doit-elle un sentiment, je te le demande? Où m'a-t-elle vu! Où m'a-t-elle parlé? Me connoît-elle seulement? Et tu ne permets pas qu'on s'enfuie dans un désert pour y maudire librement les hommes !

—Calme-toi. Tu oublies que cette conjecture, c'est ton émotion qui vient de me la rappeler, et que dans une autre occasion elle peut l'avoir fait naître.

—J'y pensois, continuai-je du ton plus réfléchi que cette minute d'interruption m'avoit donné le temps d'affecter. Il est trop vrai que ce nom fatal réveille dans mon âme une pensée douloureuse, qui doit se trahir sur mon visage quand je l'entends prononcer, mais qui se rapporte à une autre femme, à une Clémentine que j'ai connue autrefois, qui m'a été chère ailleurs, et que la terre ne possède plus. Cette circonstance explique tout. Fais-en l'usage que tu voudras, et laisse-moi partir.

Le soleil étoit déjà couché quand nous rentrâmes au salon par l'escalier de la terrasse, au moment où la porte opposée s'ouvroit pour laisser entrer trois femmes, la maîtresse de la maison et deux autres dont la voiture venoit de s'arrêter à la grille. La première passa devant moi en me souriant. C'étoit Estelle. La seconde, c'étoit Clémentine.

Elle recula, comme si elle avoit marché sur une couleuvre.

Dans le trouble que j'essayois de contenir, je saisissois à peine de loin à loin quelques traits de la conversation. La voix de Clémentine me parvint plus distinctement.

— Nous espérions, en effet, dit-elle, passer quelques jours avec vous; mais une distraction d'Estelle nous force de retourner à la ville, et ce n'est pas sans regret que nous nous sommes aperçu qu'il étoit trop tard pour y arriver aujourd'hui. Elle a eu l'étourderie d'oublier chez son notaire les titres les plus essentiels de notre propriété.

Cette phrase-là, prononcée d'un accent ému et vibrant, avoit une tout autre signification que celle qui lui reste sous la plume. Pour Ferdinand et sa femme, c'étoit une défaite; pour Estelle, c'étoit un caprice; pour moi, c'étoit une insulte.

— Je ne te comprends pas, reprit vivement Estelle. N'avions-nous pas pensé que nos amis trouveroient aisément, parmi les gens du village, un homme exact et sûr qui nous épargneroit cette démarche? Il ne s'agit en effet que de remettre ce billet à son adresse, et de rapporter soigneusement le griffonnage de l'homme de loi.

— Je m'en charge, s'écria Ferdinand, qui se disposoit à s'emparer de la lettre.

— Et moi, ajoutai-je en faisant le même mouvement, si madame veut bien m'accorder assez de confiance pour ne pas chercher un autre émissaire, je me charge d'exécuter demain ses intentions de si bonne heure, et de lui envoyer la réponse qu'elle attend par un domestique si expéditif, qu'elle n'aura peut-être pas le temps de la desirer à son réveil.

— Vous nous quittez? me dit Estelle avec un son de voix et un regard qui donnoient à ces mots l'expression d'un reproche aimable et triste.

— Avant le jour, et j'en prévenois mon ami quand vous êtes arrivée. Un malaise pénible, mais que la nuit dissipera, m'a seul empêché de partir aujourd'hui.

Je reçus la lettre de ses mains, et je pus me retirer à la faveur du prétexte que le hasard m'avoit fourni. Je sortis sans regarder Clémentine ; mais je supposois qu'elle étoit contente.

La nuit étoit tout-à-fait tombée quand j'entrai, sans flambeau, dans ma chambre. J'ouvris la croisée qui donnoit sur le petit bois; j'aspirai l'air extérieur, comme s'il avoit pu me soulager de l'oppression qui m'étouffoit; je calculai stupidement combien il me restoit d'heures à compter encore avant de me mettre en route, de manière à me trouver à l'ouverture des portes. Il y a des émotions qui suspendent l'exercice de la pensée, ainsi qu'il y a des douleurs physiques dont la violence, parvenue à un degré intolérable, tient l'action de la sensibilité quelque temps interrompue. On ne sent plus, on ne souffre plus, on n'est pas mal.

Cet état de répit finit vite; le cœur reprend son élasticité pour soulever, pour peser encore le fardeau qui l'accable, pour s'épuiser en nouveaux efforts, et pour succomber toujours, toujours, tant qu'il se brise tout-à-fait.

— C'en est trop, dis-je enfin en marchant précipitamment dans cette obscurité, dont ma honte auroit voulu épaissir les ténèbres.

C'est trop compter aussi sur la patience d'une âme énergique et fière, qui sait ce que vaut en désespoir une passion insensée, mais qui ne transige pas avec le mépris. Tue-moi s'il le faut; tu en as le droit, puisque je t'ai lâchement livré ma vie; mais flétrir mon caractère, je te le défends! et prends-y garde, crois-moi! Je déchirerois plutôt ton cœur de ma main que d'y laisser vivre un sentiment qui m'outrage! Une tache à l'honneur, c'est affreux; une tache de sang, ce n'est rien. — Sa haine! je la comprends sans me l'expliquer. Qui peut expliquer les misérables mouvements de cet organe imparfait qui palpite dans le sein d'une femme? Ce dédain offensant, je ne le subirai pas! Je le mériterois peut-être si je lui avois parlé de mon funeste amour, si j'avois eu l'infamie de solliciter le sien, l'amour d'une noble héritière... Mais l'inexorable frénésie qui me consume, je l'ai cachée avec plus de soin qu'un trésor honteux, conquis par meurtre et par rapine. C'est mon mal et mon secret. Et son amour à elle, qui en veut? — M'a-t-elle assez avili cependant! A-t-elle porté assez loin le raffinement de l'injure ! A-t-elle assez envenimé le dernier coup qu'elle me réservoit ! Venir jusqu'ici, dans le sanctuaire de mes seules amitiés, pour me forcer à rougir d'un affront qui ne me promet ni réparation ni vengeance ; pour me signaler à cette famille, où je reçois un accueil de frère, comme un homme à repousser de l'air qu'elle respire ! — Oh ! je suis bien malheureux ! —

L'excitation passionnée de mon esprit avoit usé mes forces. Un spasme douloureux tordoit mes nerfs ; un nuage brûlant flottoit sur mes yeux, et dévoroit mes paupières ; mes oreilles siffloient ; je respirois avec effort ; je me soutenois à peine. Je me jetai tout vêtu sur mon lit, et j'y fus surpris aussitôt par ce sommeil confus, orageux, turbulent, qui, loin d'endormir la faculté de penser, la tourmente de fatigues sans nombre, en la ballottant avec une sorte de malice amère entre les songes et la réalité. Je ne sais combien il y avoit d'heures que cet état duroit, quand je m'imaginai voir Estelle et Clémentine, et les entendre parler de moi. Je ne discernois pas le jeu de leur physionomie ; je ne suivois qu'à demi le cours de leur conversation ; mais mon nom y tomboit à intervalles égaux, comme un refrain qui rappeloit de temps en temps mon attention, au moment où elle étoit près de se laisser distraire par un autre rêve. Contre l'ordinaire des illusions de la nuit, celle-ci devenoit de plus en plus lucide, et tout-à-coup elle fut assez distincte pour me réveiller. Je regardai en sursaut dans ma chambre pour y chercher l'objet de mon étrange vision. J'étois seul, mais un jet de lumière qui la partageoit dans son étroite longueur, et la conversation qui continuoit sur le même ton et sur le même sujet qu'auparavant m'avertirent subitement qu'il n'y avoit qu'un de mes sens qui eût été trompé. Si je me les avois vues qu'à la merci des caprices du sommeil, je les entendois certainement encore. Mes idées se débrouillèrent promptement. La pièce voisine étoit destinée aux étrangers; je le savois de Ferdinand. Une des cousines, qui devoit l'habiter, y étoit reconduite par l'autre, et l'inattention d'un domestique maladroit, qui avoit laissé la porte de communication ouverte, me rendoit le confident involontaire de leur entretien. Je m'assis brusquement en appuyant avec force mes pieds sur le parquet, dans le dessein de l'interrompre; mais il étoit si vivement engagé que l'on ne m'entendit pas. — Que faire? paroître ou parler, c'étoit une scène de terreur et de fantasmagorie, digne des romans anglois, si fort à la mode alors dans les salons; c'étoit probablement pis encore : un guet-apens d'étourdi, que les extravagances de ma vie passée me permettoient à peine de justifier en le rendant tout entier au hasard; et il falloit, pour me croire, qu'on prît contre toute apparence, la peine de m'écouter; c'étoit enfin une action loyale sans doute, mais qui pouvoit me perdre, et ne profiterait à personne. Il avoit été question de moi, d'ailleurs, j'en étois sûr ; et si j'en croyois les notions vagues de mon dernier songe, il n'avoit été question que de moi. Comment expliquer, comment rendre sensible à un esprit irrité dont je ne me dissimulois pas les préventions et l'inimitié, l'idée que j'eusse tout entendu sans rien comprendre? Ces propos n'étoient-ils pas de nature peut-être à inquiéter deux foibles âmes sur leurs résultats? Ne valoit-il pas cent fois mieux en garder dans mon sein le triste mystère que d'en aggraver les conséquences par un scandale dangereux ou du moins inutile, dont ma générosité indiscrète recueilleroit pour unique fruit le soupçon d'une lâcheté et d'un mensonge? Elles alloient se séparer, et pendant que leurs pas s'éloigneroient assez pour qu'il me fût possible, avec un peu de précaution, de leur dérober le bruit des miens, j'arriverois à cette fenêtre ouverte, qui ne s'élevoit pas de plus de quinze pieds au-dessus de la terrasse, et j'en descendrois facilement pour gagner le petit bois et même la route. Je connoissois assez d'issues pour cela. Cette suite de raisonnements paroît longue à parcourir. J'aurois eu, je crois, le temps de les embrasser tous à la lueur d'un éclair. Je restai immobile; et comme on n'avoit pas cessé de parler, j'entendis malgré moi, en appelant impatiemment de mes vœux l'occasion de sortir de cette contrainte insupportable, et d'exécuter mon projet.

— Je te le répète, poursuivoit Estelle, ces défaites indignes de ton esprit, comme ce procédé injuste et mortifiant est indigne de ton caractère, ne peuvent me faire changer d'opinion sur son véritable motif. Personne ne s'y est trompé. A ce changement bizarre et soudain de résolution, à la gaucherie de ton prétexte, à l'amertume intérieure qu'annonçoient malgré toi ton maintien et tes paroles, ce jeune homme, qu'on dit affligé de peines profondes, s'est empressé de renoncer aux consolations qu'il trouvoit chez ses amis. J'ai vu Ferdinand près d'essuyer une larme. Et toi, Clémentine, si ton miroir avoit pu te montrer ce qu'il y avoit alors de joie insultante et cruelle dans tes regards, je suis persuadée que tu en aurois rougi.

— Assez! assez! interrompit Clémentine. Crois ce que tu voudras. Il est possible que tu aies deviné.

— Achève donc de te faire comprendre! mon cœur en a besoin pour te pardonner cette fantaisie impitoyable, et tu sais s'il doit desirer de te revoir toute parfaite, comme il t'a vue jusqu'ici! Qui te force à navrer un étranger presque inconnu pour nous, mais d'une condition honnête et d'une vie estimable, un homme dont la société est recherchée par des gens qui nous valent, d'humiliations que tu ne voudrois pas faire subir au dernier des misérables? Quelques égarements de jeunesse, fort amplifiés par la sotte chronique des salons de province, et qui ne prouvent, à les bien considérer, que l'exaltation d'une âme trop sensible dont le temps et l'expérience n'ont pas encore réglé les mouvements? Ne les a-t-il pas réparés par une conduite sans reproche, qui lui concilie l'indulgence et même l'intérêt des juges les plus froids, les plus exigeants, les plus sévères, après une épreuve d'un siècle?... — Ce n'est pas trop dire, puisqu'elle dure depuis près d'un an.

— Depuis son retour de Paris? dit Clémentine en laissant tomber ses paroles, du ton d'une question sans conséquence.

— Je ne sais, — mais je pense que c'est depuis son retour de Paris. — Est-ce la différence de nos conditions? Je conviens qu'il n'est pas de notre rang, mais tout le monde n'en est pas; et la société, qui nous défend de certaines alliances, tolère pourtant des rapports de politesse, de bienveillance, d'amitié quelquefois, entre nous et nos inférieurs. Elle les rend souvent nécessaires.

— N'insiste pas à ma honte sur cette odieuse supposition ; tu n'es pas heureuse aujourd'hui dans tes conjectures. — La noblesse ! que m'importe ? Qu'ai-je fait pour être noble, et que dois-je à la noblesse pour me soumettre à ses lois, quand elles révoltent la nature et la raison ? Ces lois cependant nous dominent, malheureuses que nous sommes ! Elles sont la règle de notre destinée, elles font le supplice de notre vie. — La noblesse ! veux-tu que je la maudisse ?

— Je ne t'en demandois pas tant ; — mais comment concevoir d'après cela..

— Pauvre Estelle !... tu m'as interrompue trop vite, car mon âme alloit s'ouvrir. — Écoute ! — Et si ce jeune homme, *presque inconnu pour nous*, dont tu parlois tout-à-l'heure, aimoit la jeune fille noble à qui la société défend *de centaines alliances ?*

— Je le plaindrois, — mais cela est impossible ; — son expansion inconsidérée, son caractère extrême, auroient depuis long-temps laissé échapper un pareil secret.

— Attends encore. Et s'il l'aimoit autrement qu'il n'a jamais aimé ! s'il le lui avoit fait comprendre sans le lui dire ! — si enfin... — Mais tu ne m'interromps plus !

— Je le plaindrois, te dis-je, et ne te blâmerois pas moins. Sa passion seroit un malheur et non pas une offense. Elle te prescriroit la réserve, la froideur peut-être, et tu devrois l'éviter pour lui-même. Le repousser avec indignité... Non, Clémentine ! cette inhumanité ajouteroit à sa misère, et je serois désespérée de trouver en toi cet affreux courage !

— Hélas ! s'écria Clémentine, sait-on ce que l'on fait quand on lutte contre son cœur !

— Que dis-tu ?... Mais tu pâlis, tu pleures, tu n'achèves pas... — L'aimerois-tu ?

— Ah ! si je l'aime !...

— Clémentine !..

Ce dernier cri fut proféré par deux voix, mais le cri d'Estelle couvrit le mien, qui mouroit sur mes lèvres. J'étois debout, car il y avoit une minute que je commençois à craindre de ne pas veiller et que je cherchois à m'assurer de l'exactitude de mes sens par la liberté de mes actions. En ce moment, je cédai au sentiment inexprimable qui m'accabioit, mélange de délices et d'épouvante, d'extase et de désespoir, où ma pensée anéantie cherchoit en vain à se retrouver elle-même. Rien ne me parvenoit plus qu'un bruit de sanglots; rien ne m'apparoissoit plus que les traits de Clémentine en larmes, et malheureuse de m'aimer. Cet aveu, qui n'étoit pas fait pour moi, cet arrêt de grâce, impuissant pour me sauver, cet amour du ciel, qui ne me délivroit pas de l'enfer, et dont l'accent profond se propageoit dans tous mes organes, ne m'en laissa pas long-temps le libre usage; mes doigts, inutilement liés à la colonne de mon lit, se roidirent encore, et puis glissèrent. Je fléchis enfin; et je tombai sans force et presque sans connoissance. Je crus goûter le bonheur de mourir ainsi, mais le retentissement de ma chute me ranima, en me rendant la crainte d'être surpris. Il y eut quelque temps de silence.

— As-tu entendu, dit Clémentine?... là, dans ce cabinet.

— Rien, répondit Estelle. — Le vent peut-être, qui souffle à travers ces croisées ouvertes.

Elle ferma la porte, et je n'entendis plus qu'un murmure vague, bientôt suivi du bruit d'une autre porte qui se fermoit aussi, et du grincement d'une clef qui tournoit dans sa serrure. Je respirois! Je m'élançai, je courus; j'atteignois ma fenêtre, quand ma porte se rouvrit.

— Ah! s'écria Clémentine en se jetant dans un fauteuil, la tête renversée, et en couvrant ses yeux de ses mains pour ne pas me voir, — vous m'avez écoutée! vous savez tout! malheur à moi! Je ne vous aurois jamais cru capable d'une si basse perfidie!

J'étois couché à ses pieds, je palpitois, je balbutiois, je fondois en larmes; je me justifiois, en termes confus, en protestations, en sermens; et, sans la voir, sans l'interroger, sans l'entendre, je compris qu'elle ne me soupçonnoit plus. J'ignore comment cela se fit, mais une joie si vive et si achevée combla mon sein, une vie si nouvelle remplaça la mienne, qu'il me sembla qu'une autre âme m'étoit donnée; j'élevois mes mains frémissantes vers elle; je trouvai une de ses mains qu'elle avoit laissée retomber. Je la saisis, et elle ne la retira point. Le feu qui en descendoit se répandit par torrents dans toutes mes veines; je le sentis envelopper mon cœur; je changeai tout-à-fait de nature. Je devins dieu!

— Ne parle pas, ne parle pas! dis-je avec transport. Que me dirois-tu? qu'ai-je besoin de savoir? Ce mot : Je t'aime!... tu l'as prononcé tout-à-l'heure..., c'est le dernier que je veux recueillir de ta bouche. Le dernier! C'est assez, c'est trop pour une seule existence, pour une seule éternité... Ce que tu essaierois de m'apprendre sur mon bonheur impossible, sur mon avenir sans espérance, je le sais. Je n'aspire à rien, je n'espère rien. Mon bonheur, je le possède! mon avenir, je l'emporte! Il ne manque rien à mes jours : ils sont pleins. La société, le malheur, la mort n'y peuvent rien. Tout mon être est dans un souvenir, dans une pensée, dans une parole qu'aucune puissance n'est capable de me ravir. Le reste, je le rêverai! — Ne crains pas, ne tremble pas! sois tranquille et heureuse! Va! tu ne me verras plus, tu ne m'entendras plus nommer, tu n'auras plus peur de ma rencontre; et si le hasard me ramenoit sous tes yeux...., ton i..

différence, tes mépris, ton indignation, je subirai tout, j'aimerai tout, je t'adorerai d'autant plus que tu me rebuteras davantage, parce que je mesurerai ta tendresse aux efforts que tu feras pour la cacher. Ne m'aimes-tu pas? que me faut-il? Et l'opinion, que me fait-elle? Ne tremble pas, ne crains pas! ne regrette pas ton secret. S'il est tombé dans mon cœur, c'est pour y mourir avec moi, maintenant, cette nuit, quand tu voudras! Ici, partout, au bout du monde, ma volonté, c'est la tienne! Dois-je m'éloigner, revenir, partir pour toujours? Je ne te demande ni un mot, ni un signe, ni un regard! Pense, et je devine; desire, et j'obéis.

— Partez, partez, je vous prie, dit Clémentine; et, quoi qu'il arrive, pardonnez-moi!

J'abandonnai sa main humide de mes baisers, de mes larmes, et, sans me détourner pour la voir encore une fois, je m'élançai par la fenêtre. J'entendis une exclamation d'effroi, et je ne m'arrêtai pas. Je traversai le bois, je franchis les fossés, j'escaladai la muraille, je marchai droit devant moi, par les broussailles, par les ravins, par les rochers, sans chercher un chemin, sans éviter un obstacle, sans réfléchir, presque sans penser. J'arrivai ainsi aux glacis de la ville, qui étoit encore fermée. Je trouvai que cela étoit bien. J'avois besoin de marcher plus long-temps, de respirer à mon aise, de me sentir vivre. Le ciel étoit si beau, l'aube si fraîche et si pure, la nature si riante ! C'étoit une matinée de fête ? il y avoit des merveilles et des ravissements à tout ce que je voyois, à tout ce que j'entendois, à tout ce que je touchois. Je jouissois de tout comme si j'avois appris à exister, je remarquois tout comme si je m'étois trouvé des sens et une âme pour la première fois, les aspects, les bruits, les parfums, le miracle éternel de la création qui recommence tous les jours ! Et moi, plus heureux à moi seul que la création tout entière, si elle pouvoit s'admirer dans sa pompe et dans sa beauté; moi, qui renaissois comme elle à des voluptés qu'aucune voix ne sauroit exprimer; moi, ce jour-là, chéri, prédestiné, comblé de biens entre tous les enfants de Dieu! moi qu'aimoit Clémentine !

Le bonheur passe vite au cœur de l'homme. Il se prolongea dans le mien comme une idée fixe, comme cette folie que j'avois un jour désirée. Il en différoit peu par sa réalité présente. Le fou et moi nous étions à peu près condamnés à la même contrainte. Il en différoit peu par sa perspective imaginaire. Le fou et moi nous devions nous rencontrer à peu près au même but. Le seul avantage qui fît pencher la balance en ma faveur consistoit dans un seul mot de Clémentine, dans une syllabe, dans un cri que le hasard m'avoit livré ; mais cette différence imperceptible, — il faut avoir aimé pour le savoir, — c'étoit le bonheur, c'étoit quelque chose de plus ! Un bonheur qui l'emportoit en ivresse comme en pureté sur toutes les joies qui ont jamais assouvi l'espérance la plus avide, sur toutes les illusions qui ont jamais fasciné l'imagination la plus féconde en rêves magiques ! Notre amour n'avoit rien à attendre du temps, mais il n'avoit rien à en redouter. Il n'avoit point de terme heureux à trouver dans l'avenir, mais il n'avoit point de terme. Il n'étoit pas de notre vie, il étoit de notre âme. Il laissoit bien loin tous les amours de la terre qui savent leur destinée. Il savoit, lui, qu'il étoit sans destinée, et par conséquent sans vicissitudes, sans changements et sans fin !

Ma tristesse étoit dissipée, mon expansion revenue. Mes études me plaisoient; je reportois sur mes affections familières toute cette surabondance de sentiments heureux qui débordoient de mon âme. J'aimois plus que jamais la solitude, parce que c'étoit là que j'habitois avec elle, que j'osois l'aimer et lui parler comme si elle avoit été présenté, mais j'en sortois plus content, plus transporté que d'un rendez-vous mystérieux où tout m'auroit été accordé ou promis. Je savois en prolonger les délices dans des nuits d'enchantement que j'étois parvenu à dérober au sommeil. Là nous conversions en amants, en époux, avec un abandon réciproque qui me trompoit moi-même, car ce qu'elle me disoit, elle me l'auroit dit. A force d'appeler son âme vers moi, je crois que je m'en étois emparé. Je lui faisois répéter : *Ah! si je l'aime!...* et il me sembloit l'entendre encore. Je me persuadois, et je ne pouvois pas me tromper, qu'elle étoit occupée de la même idée; qu'elle soutenoit le même entretien; que ses expressions s'accordoient avec les miennes, aussi bien que si elle y avoit répondu. J'en saisissois jusqu'à l'harmonie accoutumée, jusqu'à l'inflexion agitée et nerveuse, jusqu'au soupir long et un peu haletant qui les suivoit, quand elle avoit parlé avec émotion. Combien de fois j'ai étendu le bras sur mon oreiller vide pour y appuyer sa tête fatiguée! Combien de fois je l'ai senti s'engourdir sous son cou, sous ses épaules, au point de me confirmer dans mon erreur, et de ne pas me laisser douter qu'elle y reposoit réellement! — Elle dort, disois-je, il ne faut pas la réveiller. — Et ma bouche perdoit sans le savoir le baiser qu'elle essayoit d'attacher à ses cheveux. Le jour venu, je concevois qu'elle n'y fût pas. Sa mère et le monde auroient-ils consenti à me la donner, et ne devoit-elle pas obéir à sa mère? Je l'avois obtenue d'elle et de Dieu : c'étoit assez.

J'avois d'autres plaisirs encore, des trésors dont je savois seul tout le prix; un morceau de ruban bleu qui étoit tombé à Paris sous ses ciseaux, une corde de sa harpe qui s'étoit brisée sous ses doigts, un brin de plume qui s'étoit détaché de sa coiffure, une romance qu'elle avoit écrite et notée, et dont j'ai baisé si souvent tous les caractères un à un! — Une ancolie surtout qu'elle avoit portée sur son sein, qui avoit senti battre son cœur et palpité avec lui, et dont je m'emparai sous ses yeux et de son aveu, un jour qu'elle la remplaçoit par une ancolie plus fraîche. Nous aimions tous les deux cette triste fleur, qui ne se plaît que dans les lieux écartés, sous des ombrages mélancoliques, et dont le front sombre et meurtri semble se pencher vers une tombe. Elle ne m'a jamais quitté depuis. La voilà!

Et quand elle étoit à la ville, que de soins pour éviter sa rencontre, que de regards jetés au loin pour me détourner à temps de son passage, que d'attention à obscurcir, à cacher ma vie, pour lui épargner jusqu'au souci de m'entendre nommer! Non! jamais amant ne mit plus d'artifice et de sollicitude à épier les démarches d'une maîtresse adorée, pour ne perdre aucune occasion de la voir, que moi pour n'en être pas vu. — Je la revis cependant.

Ferdinand ne venoit à la ville que pour les affaires qui exigeoient absolument sa pré-

sence, et dont je ne pouvois pas me charger
à sa place; mais il avoit pris un de ces logements que les propriétaires campagnards appellent en province leur *pied-à-terre*, et où je
n'allois que de nuit, quand ses intérêts le
demandoient, parce qu'il étoit précisément
en face de la chambre que Clémentine occupoit dans l'appartement de sa mère. Lorsque
Ferdinand retournoit à la campagne, j'en
conservois la clef. Un jour, au coucher du soleil, un orage qui commençoit à gronder, et
qui parcouroit le ciel avec une impétuosité
effrayante, m'obligea de prendre, pour abréger mon chemin, cette rue que je m'étois sévèrement interdite. Des gouttes de pluie, tièdes, larges et pesantes, marbroient déjà les
pavés. L'ouragan mugissoit d'une manière
horrible. Toutes les portes se fermoient, tous
les passants avoient disparu. Il auroit fallu
chercher le premier refuge venu. J'entrai
dans la chambre de Ferdinand. La tempête
éclata tout-à-fait avec un fracas à bouleverser
les cœurs les plus résolus, mais qui transportoit le mien. Je ne soupçonnois pas que personne au monde partageât mon enthousiasme

pour ce genre de spectacle qui fait rêver l'anéantissement de l'univers, et l'avénement prochain d'une éternité de repos. J'ouvris la fenêtre. Quel tableau! il n'y avoit plus rien d'animé que les éléments. La nuit tomboit. La lumière ne provenoit plus de l'occident; elle étoit partout dans l'atmosphère brûlante. La droite et longue rue ressembloit au lit de ces rivières infernales qui roulent des ondes enflammées. Les faîtes des toits, les pointes des paratonnerres, les flèches des clochers, s'illuminoient d'étincelles, de rayons, d'auréoles, de météores. Les vitres, rouges et ardentes, brilloient comme des bouches d'incendie. Celles de Clémentine ne brilloient pas. Sa croisée venoit de s'ouvrir aussi. Elle y étoit, debout, immobile, ses regards fixés sur moi. Ce n'étoit pas une illusion. Je la voyois distinctement; mais le nuage grossit, descendit devant elle, s'étendit noir et impénétrable comme un mur de fer. Un éclair le traversa; elle reparut. L'obscurité recommença plus profonde, et s'éclaircit encore un moment pour me la rendre. Heureusement les éclairs devinrent si fréquents que j'avois à peine le temps de la perdre de vue, et que cela ne m'inquiétoit plus. Je les comptois comme les pulsations d'une artère, comme les battements de mon cœur; et à chaque fois que leur lueur me la ramenoit, l'effet fantastique de cette alternative de jour et de nuit la rapprochoit tellement de moi qu'on eût dit qu'il ne falloit qu'étendre les bras pour la saisir et pour l'emporter, et pour me livrer avec elle à ce tourbillon confus de ténèbres et de feux. Alors rien ne m'échappoit. C'étoient ses mains qui me cherchoient, son sein qui se soulevoit comme pour venir toucher le mien, ses yeux humides et passionnés, plus resplendissants de ses larmes; sa bouche, qui articuloit des sons impuissants que couvroient les grondements du tonnerre. Je parlois aussi; j'échangeois aussi mes cris, mes vœux, mes serments contre les siens. Je remerciois, je bénissois, j'invoquois la foudre. Je souhaitois qu'elle nous frappât tous les deux ensemble; que le même glas chantât sur nos fosses voisines, que l'histoire de ce phénomène bienfaisant mariât au moins notre nom dans la mémoire des hommes! La foudre ne m'exauça point.

Elle tomba près de nous au moment où, le corps à demi élancé, nous n'aspirions qu'à nous unir dans un embrassement de mort; car elle avoit eu certainement la même pensée. Ce fut là notre flambeau nuptial.

Bientôt après, l'intérieur de la chambre de Clémentine s'éclaira. On y étoit entré. Elle n'étoit plus seule. Les croisées se fermèrent. L'enchantement étoit fini.

Je restai toute la nuit à la même place, et j'aurois voulu que cette nuit durât toujours. Il faisoit si bon! L'air s'étoit épuré, le calme le plus parfait régnoit sur la terre et dans le ciel, la lune nageoit sans obstacles dans son océan bleu, que sillonnoient à peine quelques bancs étroits de nuages, éblouissants de blancheur comme de la neige, et roulés à flocons comme des toisons. Elle inondoit de clarté la pierre sur laquelle Clémentine s'étoit appuyée peu de moments auparavant, et que personne n'avoit ni vue ni touchée depuis. C'étoit un bien à moi! — Vers minuit je vis reparoître une bougie; je vis une robe blanche flotter, un bras qui s'enlaçoit au rideau blanc et qui le laissoit retomber. Et puis la bougie s'éteignit subitement, et je n'aperçus plus rien. J'espérai qu'elle reviendroit, et le reste du temps s'écoula ainsi à l'attendre. Quand le jour parut, une ombre se leva au-devant du rideau qui s'entr'ouvrit et se referma sur ses pas : c'étoit Clémentine, qui avoit passé les mêmes heures assise entre lui et moi, et dont j'avois cru rêver à plusieurs reprises la forme vague et les foibles mouvements... Clémentine ou une ombre en effet!— Ce fut pour jamais!—

Huit jours après elle étoit partie, mais je savois mieux encore que son âme étoit avec moi. J'avois fait graver nos initiales dans une bague d'alliance, à la date de l'orage, et je m'imaginois follement que ma femme voyageoit. Je continuois donc à goûter le charme ineffable de mes promenades solitaires, quand le soir, à l'endroit le moins fréquenté, qui m'étoit par conséquent le plus familier, je fus surpris au détour d'une allée par cette aimable et douce Estelle, dont la curiosité obligeante m'avoit valu le bonheur de lire dans le cœur de Clémentine. C'étoit, selon toute apparence, la première fois qu'elle s'y montroit.

— J'étois impatiente de vous voir, de vous parler, me dit-elle en s'appuyant sur mon bras, et, à dire vrai, je vous cherchois pour vous adresser une question, mais une question singulière ! Vous proposez-vous de descendre à Paris, cette fois, dans le même hôtel que les années précédentes ?

— Sans aucun doute, répondis-je en souriant, puisque mon logement y reste à ma disposition ; mais je vous proteste que je ne me sens pas la moindre envie d'y retourner de long-temps.

— Vous n'y avez pas encore assez réfléchi, reprit-elle avec une expression vive et sérieuse à la fois. — Encore une question avant de vous donner le temps d'y penser. Connoissez-vous cette écriture ?

Il m'étoit impossible de me méprendre un moment aux traits qu'elle fit passer sous mes yeux.

— Je ne crois pas, dis-je tout tremblant. Et mon émotion devoit me démentir.

— Je soupçonnois que vous auriez pu la voir..... dans une romance. Alors devinez donc, car ce billet n'est pas signé ; mais lisez sans scrupule : il ne concerne que vous.

Je lus, et je n'ai pas oublié.

« Il n'y a pas un moment à perdre ; il faut le voir, il faut lui dire de s'éloigner, d'aller à Paris ; il faut lui dire que *je le veux*, et que j'espère qu'il se rappellera mes dernières paroles. »

— Vous entendez, poursuivit Estelle, et cela se passe d'explication. Lui, c'est vous. Elle, c'est... Qu'avez-vous donc ? Quant à ses dernières paroles, elles auront peut-être laissé plus de traces dans votre mémoire que sa romance.

Je me les rappelois ses dernières paroles, — *Quoi qu'il arrive, pardonnez-moi ;* — mais à quoi bon ? je ne compris pas.

La semaine n'étoit pas finie que j'arrivois à Paris. Je m'étonnai de trouver mon appartement préparé.

— Oh ! c'est que monsieur étoit attendu, me dit le domestique de la maison. Voilà une lettre qui l'a précédé de deux jours.

Elle étoit d'Estelle, et je ne perdis pas de temps avant d'en rompre le cachet. Les premières lignes me glacèrent le sang. Il étoit évident qu'elles avoient été écrites pour me préparer à un malheur. Je courus aux derniers mots, et mes yeux se fermèrent en les cherchant encore à travers un nuage. Clémentine étoit mariée!

Je ne sais de ce qui survint que ce qu'on m'en a dit. Je tombai, je me blessai dangereusement à la tête contre un meuble; on appela des médecins, on me saigna. Quand je donnai des signes de vie, j'étois en délire. Je me souviens qu'il ne me restoit du passé qu'un sentiment confus et douteux comme un songe, mais que dominoit une résolution fixe qui m'occupa six mois. J'avois entendu parler d'une chartreuse établie en Suisse, selon la rigoureuse observance de l'abbé de Rancé. Je m'exerçai à ce genre de vie, à cette habitude de privations. J'y trouvai je ne sais quelle satisfaction amère qui ressembloit à du bonheur, à mon bonheur à moi, à celui que je pouvois encore concevoir. Les pratiques pieuses, les méditations, les prières, calmèrent peu à peu mon sang, et je passai pour guéri.

Quoi qu'il en fût, mon projet s'affermissoit

de jour en jour, et une seconde lettre d'Estelle acheva de me décider à l'exécuter sans délai. Je partis pour les Alpes.

Cette seconde lettre contenoit aussi une affreuse nouvelle, — moins affreuse que la première, cependant! — Clémentine étoit morte.

AMÉLIE.

Quand j'arrivai à Genève, j'étois déjà détrompé sur la possibilité d'exécuter le projet qui me conduisoit en Suisse. L'obscur et modeste établissement de la chartreuse avoit excité, non sans cause, la défiance de la police françoise, qui le croyoit fort propre à donner un asile aux ennemis désappointés du gouvernement de Napoléon, et qui ne pouvoit tolérer nulle part l'existence inoffensive du proscrit navré de désespoir et de misère. L'Europe n'avoit pas plus d'abris alors contre la tyrannie incarnée dans un homme qu'elle n'en aura désormais contre la tyrannie diffuse des masses. C'étoit Python, ce sera l'hydre.

Les moines venoient de fermer leurs portes au malheur pour la première fois, et de s'enclore avec plus de sévérité que la règle du fondateur n'en imposoit, dans leur rigoureux manoir du Val-Saint.

J'avois à Genève un de ces amis que donnent les sympathies de l'étude, et puis une de ces amies que l'on ne doit qu'aux sympathies de l'âme, le docteur Jurine et madame P... — Je leur parlai de mes chagrins irréparables; de tout ce que l'on croit avoir de profond désabusement et d'incurable amertume dans le cœur, quand on n'a pas long-temps vécu; de cette vocation d'éternelle solitude qu'un contre-temps inattendu venoit

de trahir. Le philosophe me plaignit, et me
conseilla de chercher l'oubli des maux dans
la pratique assidue de quelques douces sciences qu'il aimoit et qu'il m'avoit appris à aimer. La femme pleura, me laissa pleurer, et
s'occupa secrètement de me pourvoir d'un
emploi fixe et laborieux, qui pût distraire
mon esprit de ses peines par l'habitude d'un
devoir. Les relations de la librairie de son
mari lui avoient fait savoir qu'il existoit à
Berne un vieux savant anglois, nommé le
chevalier Robert Grove, qui s'étoit fait toute
sa vie une grande affaire de petites recherches
philologiques sur les bons auteurs grecs et la-
tins, et que la perte d'un collaborateur très-
instruit forçoit à réclamer les soins d'un jeune
homme doué de quelque aptitude à ce travail,
ou capable au moins de lui en alléger le fardeau. Elle ne me fit part de ces détails qu'en
me remettant une lettre de sir Robert, qui
me prenoit pour secrétaire aux appointements
de deux cents francs par mois, et qui se char-
geoit de me défrayer au surplus de toutes les
dépenses essentielles. Détourné par les principes religieux qui me dominoient en ce temps-

là, et qui ne m'ont jamais entièrement abandonné, d'une résolution extrême dont la pensée m'étoit venue souvent; retenu peut-être aussi par le vague instinct d'un avenir que mon imagination active et romanesque peuploit encore d'émotions et de mystères, je n'avois pas d'autre parti à prendre dans l'état de ma fortune. Pouvois-je ne pas vouloir d'ailleurs ce qu'elle avoit voulu pour moi? — Bonne, charmante et digne femme! son nom seul seroit un éloge, et si je ne le laisse pas échapper ici tout entier, c'est que j'ai craint d'en altérer la pureté en le mêlant à la déplorable histoire de mes passions. Il reste heureusement assez de cœurs sur la terre qui n'auront pas de peine à le deviner.

C'étoit un homme singulier que sir Robert. Sorti d'une famille déjà chevaleresque et illustre du temps de Camden, il avoit fait d'excellentes études à Oxford. Ses débuts littéraires annonçoient une âme ardente et passionnée que l'amour et l'enthousiasme pouvoient mener loin, et qui obéissoit sans le savoir à cette impulsion de renouvellement dont le monde ignoroit encore le nom. Personne n'a su me dire ce qui lui arriva, mais vers l'âge de vingt-cinq ans il parut s'adonner à une piété d'abord mystique et contemplative, qui ne tarda pas à devenir scholastique et militante, parce que l'impétuosité de son tempérament et de son esprit ne lui permettoit pas de s'accommoder des partis moyens. Le troisième et le dernier de ses irrésistibles penchants le dévoua pour toujours à l'éclaircissement et à l'illustration des lettres classiques, dont il étoit plus nourri qu'aucun homme de son époque; mais celui-là se fondit si naturellement avec les deux autres qu'on auroit juré que les trois n'en faisoient qu'un, et qu'il y avoit dans ce phénomène, pour un théologien de sa force, un argument très-péremptoire contre les ergotismes de Servet; en sorte que si l'on parvenoit à se représenter distinctement un type composé du fougueux Luther, du pointilleux Saumaise, et d'un Werther sentimental et sophiste, comme son modèle, on connoîtroit à peu près dans sa triple unité le chevalier Robert Grove. Sa nouvelle passion l'entraîna sur le continent à la recherche des manuscrits d'Allemagne, de France et d'Italie. Un beau jour il s'arrêta en Suisse, où il demeuroit à mon arrivée depuis près de vingt ans, et où il avoit réalisé en viager une fortune honnête, quoique assez médiocre pour un Anglois. Il aimoit à dire que ce fut la crainte du mal de mer, dont il faillit mourir à sa première traversée, qui lui fit prendre le parti de ne jamais repasser la Manche; mais on supposoit que des chagrins cachés pouvoient avoir influé sur cette résolution, et que la rencontre d'une de ces amitiés complètes dont la nature ne gratifie pas tous ceux qui en ont besoin, acheva de le décider. Il l'avoit trouvée à Berne en Jacobus Th...., plus jeune que lui de quelques années, animé comme lui d'une sensibilité mélancolique et rêveuse, pénétré comme lui de l'instruction la plus vaste et la plus exercée, mais supérieur à sir Robert même, au jugement de celui-ci, par le tact imperturbable de sa critique. C'est cet ami que la mort lui avoit enlevé deux ans auparavant; le chevalier étoit alors enchaîné dans son lit par une goutte opiniâtre qui ne l'a jamais quitté depuis, mais il s'étoit fait transporter au chevet de l'agonisant pour recevoir ses derniers soupirs. A compter de ce moment, il sembloit avoir abandonné des travaux chéris, et le besoin seul d'occuper ses ennuis de quelque distraction utile aux sciences, venoit de le décider à reprendre leur cours. C'étoit pour le seconder dans ce louable dessein qu'il avoit appelé le premier venu, et le premier venu, c'était moi.

Ce récit m'intéressa, je ne sais quelle puissance étrangère à ma volonté m'entraînoit vers ce vieillard, si cruellement privé de son frère d'adoption ; mais j'imaginois dans mon orgueil de jeune homme que ces destinées sérieuses, méditatives et solitaires, n'étoient pas sans rapports avec celles que l'avenir me préparoit, et je croyois découvrir dans le hasard apparent qui m'ouvroit une carrière si austère pour mon âge, une de ces préméditations providentielles qu'on ne finit de rêver que lorsqu'on est réveillé de tout. Cette superstition intime a joué un grand rôle dans toutes mes entreprises, et je sens que je m'y livrerois encore, si j'étois assez malheureux pour avoir à recommencer.

Mes conjectures ne m'avoient pas trompé sur sir Robert. Dans cette complication unique de caractères bizarrement contrastés, je trouvai seulement un homme de plus auquel je ne pensois pas, un homme bon, facile, expansif, abondant dans ses idées avec la naïveté d'un enfant content de lui, heureux de croire en lui et d'inspirer sa confiance aux autres; mais tolérant et même docile pour les opinions les plus opposées aux siennes, quand elles ne se présentoient pas sous une apparence tracassière et hostile ; exigeant d'ailleurs pour ces formes de l'esprit, comme il l'étoit en amitié ; plus boudeur au moindre nuage qu'une petite fille dont on a brisé la poupée ; revenu à la moindre marque de déférence ou de tendresse, et faisant toujours les frais du raccommodement, en accordant plus qu'on ne lui demandoit; hyperbolique de paroles et de sentiments, d'éloges et de reproches, dans ses affections, dans ses haines, dans ses mépris, dans ses admirations, et ne connoissant point de nuances d'expression entre les superlatifs extrêmes, parce qu'il étoit lui-même un superlatif, une hyperbole morale, le plus excellent homme que la bonté divine ait jamais produit.

Je le vois encore d'ici dans sa petite chambre, quand j'y entrai une heure après mon arrivée à Berne. Je le vois couché à demi dans un fauteuil large et profond qu'il avoit inventé, et qui se mouvoit sur quatre roulettes, par un mécanisme ingénieux et commode qu'il avoit inventé; les pieds étendus sur un tabouret flexible qui se haussoit, s'abaissoit, s'éloignoit, se rapprochoit à volonté, et qu'il avoit inventé; le coude appuyé sur une grande table pivotante à cinquante compartiments qu'il avoit inventée aussi, car le chevalier ne se servoit de rien qu'il n'eût inventé. Il avoit inventé sa boîte à thé et sa boîte à tabac. Il avoit inventé son lit et son *somno*. Il avoit inventé son écritoire et ses tablettes. Il avoit inventé le bateau de voyage avec lequel il échoua sur les bords de l'Escaut en sortant de Valenciennes. Il avoit inventé la voiture de sûreté qui le versa au beau milieu de la plus belle route de France dans l'avenue de Nevers. Je le vois, dis-je, frappant des mains à mon entrée, et m'accueillant d'un regard aussi bienveillant, d'un sourire aussi doux que celui de mon père. Je vois sa noble figure, plus que sexagénaire, mais fraîche, épanouie, vermeille, adolescente d'imagination et de pensées, et son vaste front chauve, blanc et poli comme l'ivoire, autour duquel se rouloient en boucles des cheveux d'un blond doré qui auroient fait honneur à un bachelier, car la nature avoit pris plaisir à laisser à son vieil âge des vestiges de jeunesse, comme elle en avoit laissé à son âme.

J'ai dit que sa chambre étoit fort petite, et je n'ai pas eu besoin de dire qu'elle avoit toute l'élégance de la propreté, tout l'aspect de cette aisance confortable qui rend la vie si douce en Angleterre et en Hollande, et sur laquelle les heureux Bernois ont peut-être encore enchéri. Ce que je n'ai pas dit, c'est qu'elle s'ouvroit sur une belle galerie qui contenoit la précieuse bibliothèque du chevalier, précieuse par le choix des auteurs, par l'antiquité des éditions, par l'exquise perfection des exemplaires. Je crois pouvoir répondre qu'on y trouvoit tous les classiques anciens, et tous leurs commentateurs, dans les plus

magnifiques reliûres qui aient jamais réjoui
les yeux d'un bibliomane. Le fauteuil mécanique se promenoit souvent parmi ces rares
merveilles, mais le chevalier n'avoit pas encore inventé le moyen de l'élever et de le soutenir à la hauteur des tablettes supérieures.
Depuis long-temps même, il ne pensoit plus
à ce perfectionnement digne du génie d'un
Stévinus, parce que la Providence y avoit
heureusement pourvu, en lui donnant un
domestique gallois, géant massif et perpendiculaire de six pieds quatre pouces de hauteur, morne, épais, indégrossi comme les
dolmens de ses aïeux, joignant à peine à la
connoissance de sa langue celtique une douzaine de mauvaises locutions de l'anglois du
peuple, mais doué d'une mémoire de noms
et de lieux qui tenoit véritablement du prodige. Il n'étoit pas un volume indiqué par son
titre et par sa date, qui ne vînt se placer
comme de lui-même sous la main du colosse
obéissant. A droite, à gauche, en haut, en
bas, de jour, de nuit, son instinct ne se trompoit jamais. Du temps de Cardan et d'Agrippa, on auroit fait de Jonathas, ou de l'homme

longue-échelle (*master greatladder*), comme l'appeloit gaîment le chevalier, un gnome soumis par la magie; et si Walter Scott l'avoit connu, il ne l'auroit pas oublié dans sa galerie fantastique.

Ma chambre étoit située à la partie opposée de la bibliothèque, et c'étoit à travers le savant domaine de Jonathas que je venois chercher, à dix heures du matin, ma besogne quotidienne. Alors, sir Robert travailloit déjà depuis quatre ou cinq heures, et ses notes jetées sur des feuillets volants, dont, par bonheur, elles n'usurpoient jamais le *verso*, étoient ordinairement parvenues avant mon lever au centième chiffre de pagination. C'est ce travail énorme qu'il s'agissoit de réduire à sa plus simple expression pendant le reste de la journée, que le chevalier employoit de son côté à grossir de quelques centaines de vers son ingénieux et interminable poème sur une fleur de violette trouvée dans du thé suisse, ou à rêver quelque invention utile qu'il n'avoit pas encore amenée à fin. Hélas! ce seroit bien malgré moi qu'une légère ombre de ridicule obscurciroit ces détails d'intérieur philosophique! Il n'est point de supériorité morale qui ne trahisse l'homme par quelque foiblesse, et si l'homme étoit parfait, il ne seroit plus question de le peindre ; il suffiroit de le nommer. Ce qui faisoit sourire l'esprit dans les innocentes manies du chevalier faisoit en même temps pleurer l'âme. On se disoit : Voilà pourtant ce que nous sommes, quand nous sommes tout ce qu'il nous est permis d'être au-dessus de notre espèce!

L'aspect de l'effrayant manuscrit m'accabla d'abord, et puis, je me sentis allégé d'un poids énorme en le feuilletant. Nos deux premières éditions critiques devoient être Horace et Tacite, parce que sir Robert avoit compris en deux ou trois mots d'entretien que je n'étois pas assez fort en grec pour le seconder de quelques mois dans la publication de Pindare, son classique favori. Cette découverte lui coûta un soupir. Elle devoit m'en coûter de plus profonds, de plus déchirants; et si quelque jeune femme à l'œil doux et au cœur tendre, étoit un jour tentée, après ma mort, de déchiffrer jusqu'ici ces pages barbouillées de pédantisme, elle ne se douteroit guère de la liaison intime que

Pindare peut avoir dans le cœur d'un vieil écolier avec un souvenir d'amour. En s'aidant d'un peu de patience, elle arriveroit à la solution de ce problême, si j'avois la cruauté de l'y encourager; mais je m'en garderois bien. J'écris pour moi mille riens qui me charment, parce qu'ils me font revivre des jours pleins de douceur et d'illusions. Les géomètres disent : Qu'est-ce que cela prouve? Les femmes le disent aussi. Je retourne donc un moment à mes paperasses.

C'étoit, je le répète, une chose terrible à voir, mais qui ne m'épouvanta qu'un instant. Quand sir Robert avoit sous la main une phrase de Tacite ou un vers d'Horace, il dépouilloit tous ses éditeurs, tous ses annotateurs, tous ses commentateurs, tous ses glossateurs. Toutes les explications, toutes les interprétations, toutes les variantes lui étoient bonnes; il n'auroit pas omis une hypothèse; il n'auroit pas dédaigné une faute d'impression. Le texte se noyoit ainsi dans une encyclopédie de mots et d'idées, d'où il ne me restoit qu'à dégager la leçon la plus vraisemblable et la glose la plus sensée. Le premier collaborateur du chevalier avoit eu cet heureux instinct d'élection, qui est plus commun qu'on ne pense, ou aussi commun qu'on le dit, car c'est tout bonnement le sens commun. Le mérite essentiel de ce labeur immense n'en appartenoit pas moins au chercheur infatigable qui avoit préparé et mis en ordre ce chaos de matériaux, et la plupart de nos gros livres classiques ne se sont guère enflés de pages sans nombre qu'aux dépens des veilles d'un érudit patient, qui s'étoit donné le temps de tout savoir et qui n'avoit pas pris celui de choisir. L'exiguité de mes résultats parut tourmenter d'abord sir Robert, quoique j'y procédasse d'une manière plus prolixe encore que son mémorable ami Jacobus. Comme je m'attendois à cette impression, je lui rappelai l'adage latin qui dit que le moissonneur ne doit pas être jaloux du crible, et il me tendit la main en gage de consentement. Je continuai à travailler depuis en conscience, mais selon ma fantaisie ; et si je surprenois en lui un regret mal déguisé à quelque anecdote piquante mais intempestive, à quelque belle observation philologique, tirée de trop loin, qu'il étoit parvenu à faire entrer dans son commentaire, en vertu d'une propriété élastique d'imagination que ne déconcertoient ni les transitions les plus subtiles, ni les écarts les plus lyriques, je le consolois en lui montrant dans un *album* soigneusement tenu, toutes les curiosités épisodiques rédigées d'avance pour une occasion plus opportune. Alors ses mécontentements mutins se changeoient en expansions de joie et de reconnoissance ; j'étois son autre Jacobus, l'Aristarque de son sommeil homérique, le Phocion de son éloquence, la hache de ses discours, le suzerain adoptif de ses livres et de ses manuscrits, le *Paulo-post-futurum* de sa renommée. C'étoit là le *nec plus ultrà* de son affection démonstrative. Maxime n'avoit que les droits d'un secrétaire passif ; mais *Paulo-post* auroit bâtonné impunément un volume d'érudition fait pour détrôner Scaliger.

Ce concours de zèle et de bon vouloir avoit accéléré la besogne. Nous venions de terminer, en quatre mois, toutes les odes d'Horace depuis *Mœcenas atavis* jusqu'à *Dicere laudes*. Tacite n'étoit guère moins avancé, et nous recevions déjà des épreuves de Leipsick, où nos deux premiers volumes étoient sous presse, quand je crus remarquer un soir, vers la fin du dîner, que sir Robert étoit travaillé de quelque souci intérieur. Il ne falloit pas pour cela un grand effort de discernement, car cette disposition d'esprit se révéloit en lui par trois symptômes invariables, un regard triste et vertical qui s'attachoit pensivement au plafond, un soupir à peine entendu qui s'élevoit lentement en suivant la même ligne ascensionnelle, et un léger sifflement, ou plutôt une modulation presque insaisissable du souffle qu'auroit cent fois couvert le *lila burello* de mon oncle Tobie. Je fis part de mon observation au chevalier.

— Cela ne te concerne qu'indirectement, répondit sir Robert avec douceur, en ramenant sur moi ses yeux paternels; mais je pense à ma fin, qui peut s'approcher; et si la postérité ne me connoît que par ces deux incomparables éditions d'Horace et de Tacite, *mirum opus et integrum*, les myrmidons de la science me contesteront dans quelques siècles mes études d'helléniste. Pourquoi faut-il qu'on s'occupe si peu du grec dans le système d'éducation de votre drôle de France, et qu'avois-je à faire aussi de te surcharger de travaux, au lieu de t'amener d'abord, et par des chemins de fleurs, cher *Paulo-post*, à lire plus couramment Pindare, sous ma direction, que le *Carmen sæculare !* Quel événement pour ton Institut, et pour tout le monde savant, que l'apparition simultanée du Pindare et de l'Horace de sir Robert, éditions modèles, éditions prototypes, éditions monumentales, dont le succès toujours croissant imposeroit silence à l'avenir envieux, et me sauveroit l'affront d'avoir été l'homme d'une langue et d'un livre!..

— Je vous avois prévenu, monsieur le chevalier, de ma malheureuse insuffisance...

— Il ne s'agit pas de ton insuffisance, répliqua brusquement sir Robert, et je n'ai que trop de moyens d'y remédier! — Mais, ajouta-t-il en frappant fortement sur la table, j'hésite à jouer si gros jeu ! — Holà, Jonathas! ma pipe, une bouteille de Porto, et le Pindare de Calliergi.

— Si gros jeu, mon noble ami, et qu'avez-vous à ménager ?

— Ton bonheur, enfant, ton bonheur, dit le chevalier. Écoute-moi avec attention, et ne m'interromps pas. Je t'ai souvent parlé de Jacobus, qui étoit mon crible, mon Aristarque, mon Phocion avant toi; je ne t'ai peut-être pas dit qu'il possédoit imperturbablement toutes les bonnes leçons de Pindare; mais ce diable d'homme n'écrivoit pas, et ma vieille mémoire a perdu jusqu'aux moindres vestiges de ces riches traditions orales que je ne voyois aucune nécessité à fixer alors, puisqu'il étoit plus jeune que moi.

— Comment seroit-il possible de les retrouver maintenant? murmurai-je à demi-voix.

— Voilà la question; mais je t'avois dit de n'en point faire. — Le digne Jacobus n'avoit commis qu'une faute en sa vie, faute grave et irréparable : il s'étoit marié! Jacobus avoit épousé, avant mon établissement à Berne, une damnée de païenne françoise, belle et bonne créature, si l'on veut, mais infatuée de toutes les superstitions du papisme. — Et je te demande pardon, mon fils, si je te parle ainsi de ta foi. Tu sais que je ne l'ai jamais contrariée, et que mes entrailles ne se révoltent point contre l'innocent infidèle qui a eu le malheur de naître hors de la voie du Seigneur. Je dirai plus : si la pitié manquoit à mon cœur, ce seroit plutôt à l'égard de l'apostat qui a renié la foi de ses parents, et auquel je me crois incapable de faire grâce. — Il avoit eu deux enfants, un garçon et une fille, pieusement élevés dans la profession du saint Évangile, qui est l'éternelle alliance des vrais chrétiens; et il avoit nommé le premier Mithridates, parce qu'il avait rêvé sur le berceau du nouveau-né, mon pauvre frère Jacobus, l'idéal d'un homme polyglotte qui apprendroit sans effort près de lui toutes les langues de Babel. La fille fut appelée Amélie, du nom de sa mère, et tu conçois bien qu'à mesure qu'ils grandirent, tous les soins de l'éducation se distribuèrent selon leur destination présumée, à la fille les maîtres des arts frivoles, au fils les leçons des savants. Mais la Providence, qui se joue de nos projets, en avoit ordonné autrement. Mithridates étoit à seize ans un musicien agréable et un joli danseur; quant au grec, je n'avois jamais pu faire entrer dans sa tête les premières lignes d'Esope. Il auroit vainement pâli pendant une semaine sur un monostique de Théognis. Soit que le travail eût brisé cette jeune organisation, soit qu'il eût porté en lui dès sa naissance le germe de la maladie funeste qui avoit enlevé sa mère, à dix-sept ans il mourut. Le désespoir de Jacobus fut inexprimable; mais cette âme forte ne s'y abandonnoit que par secousses, et quand le trait poignant de la douleur venoit rouvrir sa blessure sans être attendu. Un jour qu'on auroit cru qu'elle avoit parcouru jusqu'à les rompre, avec ses doigts de fer, toutes les touches du clavier sur lequel le souvenir d'un enfant mort retentit, elle en trouva une qui n'avoit pas encore vibré. J'y étois, et nous avions ouvert devant nous ce Pindare que tu vois. — Frère, me dit Jacobus en me serrant la main, je crois que je ne sais plus le grec; ma mémoire s'est fondue comme la cire des tablettes au feu de cette lampe qui a gardé une nuit son cercueil. S'il avoit vécu, avec son heureux naturel qui n'avoit pas encore répondu à toutes mes espérances, mais qui devoit les combler un jour, il me rappelleroit aujourd'hui toutes ces scholies de Pindare que je lui ai si souvent répétées... — Je les sais, moi, mon père, s'écria tout-à-coup Amélie en se jetant dans les bras de Jacobus, en couvrant de baisers ses yeux prêts à pleurer, et en me le cachant à demi sous ses longs cheveux. — Ces leçons me plaisoient, continua-t-elle. Je les ai écoutées; je les ai retenues : je n'en perdrois pas un mot. — Elle les savoit en effet. Le grec, un jeu pour elle, comme toutes les sciences auxquelles le génie peut s'élever! Une autre Olympia Morata, une autre Maria Schurman! un ange, une muse, une divinité descendue du ciel, avec une lyre que la pudeur et la modestie tenoient muette. Peu de mois après, Jacobus n'existoit plus.

— Amélie existe au moins, repris-je avec vivacité.

— Amélie existe, me répondit gravement le chevalier, — et elle sait toutes les leçons de Pindare! Aussitôt après la mort de son père, elle recueillit les foibles débris de cette fortune de savant qui ne suffisoit pas à une vie oisive, et elle se retira dans une maison de campagne à peu de distance de la ville, parmi quelques dames respectables qui s'y occupent de l'éducation des jeunes Bernoises.

Promptement distinguée entre elles par la pureté de son caractère et la perfection de ses connoissances, elle est maintenant à la tête de l'établissement.

— Il me paroît d'après cela, dis-je en souriant, que les leçons de Pindare ne sont pas perdues. Je comprends que votre infirmité passagère vous empêche aujourd'hui d'aller les recueillir. Je comprends qu'il puisse paroître mal séant qu'elle viole les engagements volontaires de sa solitude, pour vous les apporter; mais, s'il est indispensable de les entendre de sa bouche, ne me croyez-vous pas assez savant, du moins, pour vous servir d'intermédiaire, et pour vous rendre les paroles mêmes d'Amélie, avec une intelligence aussi bornée, mais aussi fidèle, que celle dont Jonathas vient de faire preuve en déposant devant vous le Pindare de Calliergi?

— Je crois tout ce que tu dis là, mais je crois que la brute furieuse qui rouleroit des barriques de poudre vers le foyer d'un incendie, et le barbon mal appris qui enverroit son *Paulo-post* bien aimé recevoir quelques miettes de grec dès lèvres d'une fille de dix-huit ans, capable de faire tourner la tête à Zénon, mériteroient d'être tenus pour également extravagants.

— Attendez, mon ami, et que ce ne soit pas cela qui vous arrête! Oh! mon cœur est prémuni contre tous les amours, et votre Amélie seroit pourvue des attraits fantastiques de cette princesse des *Mille et une Nuits* dont le regard faisoit mourir, que je pourrois lire impunément dans ses yeux de femme. Cependant, qu'en résulteroit-il, au pis aller, qu'une émotion naturelle pour laquelle vous éprouvez encore de tendres et éloquentes sympathies, et qui, entre deux êtres que vous daignez aimer, parce qu'il vous inspirent tous deux de l'estime et de la confiance, resteroit à jamais sans danger?

— Sans danger, malheureux enfant! sans danger, l'amour d'une protestante et d'un catholique romain, unis par leur frénésie pendant des mois de délire, séparés par leur foi pendant l'éternité! sans danger, la réputation et le bonheur de l'unique fille de Jacobus, qui sont plus chers au vieux Robert Grove que la prunelle de ses yeux! Sans danger, la malédiction des parents riches et avares dont elle attend le pain de ses vieux jours! Sans danger, grand Dieu! sans danger!

— Vous venez de me le faire comprendre, et non de me le faire redouter. C'est tout au plus dans les romans qu'on voit le destin de la vie dépendre d'une impression subite que trois jours effaceroient, si l'âme ne prenoit plaisir à l'entretenir. Quel homme assez insensé nourriroit un moment l'illusion qu'un acte de sa volonté peut détruire, quand il est sûr d'en mourir s'il la laisse vivre? Encore une fois, je ne crois pas à ces miracles de fascination dignes des contes arabes, mais si un mouvement imprévu de mon cœur me forçoit à y croire malgré moi, je me garderois bien d'y céder! Monsieur le chevalier, vous dirois-je le soir même, renoncez à votre négociation ou à votre ambassadeur! ma raison s'embrouille à mesure que Pindare s'éclaircit, et vous n'aurez pas plus tôt gagné deux ou trois variantes, que j'aurai perdu la tête. Restons-en là, s'il vous plaît.

— Et voilà ce que tu me dirois? reprit le chevalier en me regardant fixement?

— Je le jure sur l'honneur!

— Halte-là, digne jeune homme! ceci demande, entre nous, plus de solennité! A moi, Master Greatladder! à moi, fidèle Jonathas! Dans quelle crypte inconnue de notre bibliothèque avez-vous caché votre belle stature in-folio et votre embonpoint atlantique? mon Jonathas, où êtes-vous?

Jonathas ne répondoit jamais. Il s'avançoit seulement d'un pas méthodique, et se plaçoit, immobile et perpendiculaire, précisément en face de son maître.

— Voilà qui est bien, continua sir Robert. Remettez à sa tablette, cher Jonathas, ce noble Pindare de Calliergi, et rapportez-moi le Nouveau Testament grec du brave Froben, *editio princeps in membranis*. — C'est un beau livre, ajouta-t-il avec une expression exaltée d'admiration dans laquelle on ne discernoit pas aisément ce qui avoit le plus de part à son enthousiasme, de la beauté de l'Évangile ou de celle de l'édition.

Le volume parut, avec son splendide maroquin et ses riches fermoirs; il s'ouvrit par le milieu, en déployant à droite et à gauche ses pages fastueuses, et le chevalier poursuivit :

— Vous jurez donc sur ce livre sacré, mon enfant, sur ce livre qui contient la foi de nos pères et la nôtre, sur ce livre d'un Dieu qui a le mensonge et la perfidie en horreur, que si vous vous sentiez entraîné à une passion dont les conséquences seroient mortelles pour votre vieux camarade, vous viendriez déposer dans son cœur cette foiblesse de la chair et du sang, et que vous n'hésiteriez pas à vous soumettre à tout ce qu'il exigeroit de vous! — Attendez, Maxime, attendez encore! ne vous livrez pas en aveugle à la présomption de votre jeunesse! ne prenez pas le nom du Seigneur en vain!

— Je le jure, monsieur le chevalier! — et jamais engagement ne m'a paru plus facile et plus doux à remplir.

— Alors, dit le chevalier après avoir rendu l'Evangile à Jonathas, va donc voir demain ce diamant, cette marguerite du monde, et tâche d'en obtenir ces diables de leçons de

Pindare, qui sont la pure fleur de toutes les scholies passées, présentes et futures ; nous les introduirons dans les miennes aux dépens des miennes, et nous publierons Pindare cette année, sous les noms jumeaux de Jacobus et de Robert. Ce travail achèvera, s'il plaît à Dieu, ton initiation aux bonnes lettres grecques, et nous serons en mesure de lancer, l'année prochaine, Hésiode avec Tacite. *Monumentum exegi.*

Là-dessus, il me serra la main, et nous nous retirâmes également tranquilles, sir Robert sur le succès de ses éditions, et moi sur les résultats de l'entrevue la plus innocente dont il ait jamais été parlé dans les compositions des romanciers.

Quoique je n'aime pas les portraits, il faut cependant que je donne une idée d'Amélie. Elle étoit assise dans son jardin sous un cerisier en fleurs, que le soleil pénétroit de toutes parts d'une pluie de rayons mobiles, qui trembloient autour d'elle au moindre souffle de l'air. Elle se leva en m'apercevant. Moi, je m'exerçois à la voir. J'avois déjà remarqué sa taille svelte, élancée, harmonieusement souple, comme celle dont mes poètes gratifioient leurs nymphes, sa robe blanche flottante, ses beaux cheveux noirs rattachés négligemment sur sa tête; et je ne l'avois pas vue encore. Elle parla. Je m'enhardis. Le charme incomparable de ses traits me frappa moins d'abord que son éclatante blancheur. Leur ensemble avoit cependant un défaut, si c'en est un. Ses yeux étoient trop grands, trop longs surtout, mais ils avoient une expression qu'aucune parole ne peut faire comprendre, qui ne passeroit pas tout entière, qui s'évanouiroit peut-être sous le pinceau d'un ange. Ils étoient d'un bleu plus foncé que celui du ciel profond et sans vapeur que j'ai contemplé si souvent du haut des Alpes, et le reflet qui en descendoit sur son visage avoit quelque chose de cette clarté veloutée que la lune verse à la surface des lacs et des prairies. C'étoit comme deux sources de lumière divine dont les flots subtils s'épandoient autour d'elle, et l'enveloppoient d'une sorte de vêtement. Oh! je n'accuse point le matérialiste disgracié de la Providence qui a cherché le secret de l'âme sans le trouver, mais je ne le comprendrois pas s'il avoit plongé une seule fois sa vue dans le regard d'Amélie !

J'ai dit qu'elle étoit pâle. Elle l'étoit souvent. Il sembloit que le sang ne circulât qu'à regret sous ce tissu délicat qu'un effort léger pouvoit rompre; mais la plus foible émotion l'y rappeloit. J'essayai d'expliquer en balbutiant le message assez bizarre que sir Robert m'avoit imposé la veille. Elle rougit alors, et je n'avois pas imaginé jusque-là qu'elle fût si belle !

— Je suppose, dit-elle, que M. le chevalier ne vous a pas laissé ignorer le concours douloureux de circonstances qui me rappela ce que je savois du grec et de Pindare, et qu'il m'a épargné à vos yeux le ridicule d'une prétention si déplacée dans les femmes. — Je pris en effet plaisir à ces études, parce qu'elles procuroient un peu de consolation à mon père. Depuis notre séparation j'ai oublié ce que j'avois retenu, et ce que j'avois appris; mais le desir de faire quelque chose pour sa mémoire et pour son ami peut m'inspirer plus heureusement que je n'ose aujourd'hui le penser; il faut que je rouvre ce livre si négligé pendant deux ans, et que je lui redemande des souvenirs qui me fuient...

En parlant ainsi, elle avoit porté la main à son front.

— Écoutez, reprit-elle tout-à-coup, en l'imposant doucement sur mon bras ; — mais cet attouchement m'incendia comme si la foudre m'avoit frappé. Je ne sais par quel sens j'entendis le reste. — Écoutez : je serois plus sûre de ce que je puis — demain... — après-demain, — n'importe, et d'ici là le travail auquel sir Robert prend un si vif intérêt seroit peut-être commencé.

Il est probable que je m'engageai machinalement à retourner. J'entrevis encore Amélie comme un éclair dans la nuit; sa voix me parvint encore comme une mélodie passagère dans le silence. Je revins à moi du réveil d'un somnambule qui se demande long-temps s'il a rêvé. J'étois sortis de la route. Je ne savois plus où étoit Berne. Mes jambes défailloient; mes yeux étoient offusqués de ces lueurs vagues, capricieuses, informes, violettes, cramoisies, orangées, taches éblouissantes enlevées au prisme céleste par un regard trop long-temps fixé sur le soleil. Je m'assis sur le rocher. Je couchai ma tête sur mes mains. Je pleurai. Je ne savois pas pourquoi je pleurois.

Infortuné ! m'écriai-je enfin, ton cœur n'étoit pas éteint ! tu n'avois pas usé tout ce que Dieu t'a départi de misère et de douleur ! voilà ton sang qui vit, qui fermente, qui bouillonne encore ! Te voilà rejeté comme une âme en peine, sur les limbes d'un paradis qui est à jamais fermé pour toi ! Te voilà condamné une fois encore à l'humiliation dévorante d'aimer sans espérance ! — Bien plus ! à l'horrible malheur de ne pouvoir aimer sans crime ! — Aimer ! répétai-je en me levant avec violence, et en reprenant d'un pas assuré la route que j'avois perdue ! aimer Amélie, peut-être !...

Amélie ! Amélie ! — et ce nom vibroit dans toute mon âme, et je ne comprenois plus que cela de ma pensée.

Aimer Amélie protestante, continuai-je en marchant toujours, et renoncer à la religion de mon père, à l'estime de mes amis d'enfance, de mes frères selon le baptême et selon l'eucharistie ; à celle de sir Robert même, qui me chérit catholique, et me maudiroit apostat! ou bien la perdre dans sa foi, la perdre dans sa réputation, la perdre dans sa fortune, et tuer d'une main d'assassin ce vieillard dont la bienfaisance m'a sauvé de la détresse et du desespoir, cet autre père d'adoption auquel m'enchaînent la reconnoissance et le serment! — Et le serment! mon Dieu! je l'oubliois!... Allons, allons, le serment, je le tiendrai, et j'en subirai les conséquences!

Quand je fus arrivé dans la chambre du chevalier, je tombai d'accablement à ma place accoutumée.

— A moi, s'écria sir Robert, à moi Jonathas! A moi, de l'eau, des liqueurs, du vin de Porto! C'est mon fils excédé de fatigue, mon fils qui ne se soutient plus, mon fils qui se meurt! Ame de bronze! ingrat Robert! tu veux donc faire mourir ton *Paulo-post!*

— Non, mon ami, lui dis-je en saisissant sa main, je ne suis pas fatigué; je ne suis pas malade; mais j'étois pressé de vous voir et de vous parler...

— Quelle nouvelle donc, reprit-il en rentrant dans la pensée où ma brusque apparition l'avoit sans doute surpris? N'imprimerons-nous pas Pindare?

— Nous l'imprimerons, monsieur le chevalier, répondis-je en souriant amèrement de sa méprise. Amélie a seulement besoin de quelques heures pour recueillir ses idées. Elle m'a, je crois, promis le commencement pour après-demain, — ou pour demain.

— Demain, dit-il après avoir un moment réfléchi, cela seroit indiscret. — Et si après-demain tu n'étois pas remis de ta fatigue... Te voilà pâle comme un mort maintenant, et tu brûlois tout-à-l'heure.

— En vérité, je ne suis ni malade ni fatigué! J'irai après-demain, je vous le jure!

— Tu me le jures! A propos, quel effet a produit sur toi la vue de ma Calliope, de mon Uranie, de ma Mnémosyne, de ma Déesse?

— L'effet que produit une déesse, la surprise, l'admiration, le respect... .

— Bien, bien, mon enfant! je ne m'attendois pas à moins! Une Calliope, une Uranie, cher Maxime! Une jeune fille qui sait mieux les leçons de Pindare que le chevalier Grove! Ce qui m'effrayoit hier, c'étoit de penser à tant de déesses qui se sont humanisées, comme de simples mortelles, pour des yeux bleus et expressifs, ou pour une chevelure blonde et bouclée. Je t'en citerois, dans les mythographes, une douzaine d'exemples que nous lirions avec plaisir s'ils étoient en meilleur style, et si Munckerus et Staveren les avoient mieux entendus. Apporte-nous cependant les mythographes, Jonathas, toutes les collections des mythographes! Cela nous amusera en dînant.

Je respirai. Je savois bien qu'il ne seroit plus question d'Amélie, et que son souvenir alloit disparoître au milieu des digressions doctes ou riantes dans lesquelles l'imagination du chevalier aimoit à s'égarer. Quelle nécessité d'ailleurs de brusquer inutilement le secret insignifiant d'une première impression dont je me rendois à peine compte à moi-même, sur laquelle je pouvois m'être mépris, et que j'avois encore le temps de vaincre? Et puis, désabuser si vite mon vieil ami de la possession de ce Pindare, en qui reposoit une partie de sa gloire, cela étoit aussi trop cruel! — On ne sauroit croire combien la conscience la plus droite a de moyens de se faire illusion sur ses devoirs.

Le surlendemain me parut bien long à venir.

Amélie avoit déjà rassemblé en effet tout ce que sa mémoire lui rappeloit de ces leçons précieuses sur les premières *Olympiques*. Elles les avoit écrites avec soin, et pour me les rendre plus intelligibles encore, elle daignoit me les relire ou me les chanter, car à tout le charme de cette mélopée grecque dont nous n'avons que des idées confuses, sa voix sonore, émue, pénétrante, ajoutoit le charme d'une mélopée qui n'étoit qu'à elle. La puissance de cet organe enchanteur tenoit aussi à un de ces mystères qui découragent la parole. Pour l'exprimer aujourd'hui dans une comparaison digne de la réalité, il faudroit faire comprendre ce que peut exercer d'empire sur l'âme une pensée de Lamartine proférée par la harpe éolienne ou par l'harmonica.

Quand elle eut fini sa lecture et qu'elle se fut assurée que je ne laisserois rien échapper de ces nuances fugitives de la pensée poétique dont elle avoit le secret mieux que Pindare, elle abandonna le volume. Nous étions dans le jardin comme la première fois; les rayons du soleil jaillissoient comme la première fois entre les blancs bouquets du cerisier, se brisoient sur sa tête en faisceaux légers et frémissants, ou l'entouraient en auréoles. Des fleurs qui commençoient à tomber, quelques-unes avoient jonché ses cheveux; le ciel mythologique n'auroît pas fait plus de fêtes à la muse elle-même, s'il l'avoit reconnue, recueillie et pensive, dans la plus chère de ses solitudes. — Et moi, je me taisois pour ne pas troubler cette solennité. Je ne suis pas sûr d'ailleurs que j'aurois pu parler si je l'avois voulu.

— Non, dit-elle, ce ne sont pas là des poètes ! cette magnificence d'images et cette pompe accablante d'harmonie et ce faste éblouissant de mots, ce n'est pas la poésie ! Qu'importent les vaines gloires des peuples et l'orgueil de leurs triomphes et l'ivresse de leurs jeux? (La poésie n'est que dans la foi et dans le sentiment, dans une croyance soumise ou dans une vive émotion du cœur. Elle n'a pas prêté ses véritables inspirations à l'extravagante vanité de ces nations antiques ; elle ne les prêtera pas à cette fausse raison des nations modernes, qui n'est qu'une autre espèce de vanité. La poésie de l'âme, c'est le christianisme qui nous l'a faite, c'est la réforme et la philosophie qui l'ont tuée. Il faut croire pour entendre la poésie et pour la sentir. Qu'auroient produit nos Milton et nos Klopstock, oh! c'étoient de sublimes génies!... s'ils n'avoient remonté au berceau de la religion pour lui redemander ses mystères? Je m'étonne que les anciens, qui étoient si heureux et si riches en emblêmes matériels, n'aient pas représenté la poésie avec un bandeau comme l'amour.

Je la regardai ; ses joues s'étoient vivement colorées, ses lèvres trembloient, ses yeux jetoient du feu....

— Cependant, dis-je en tremblant...

Elle tressaillit.

—Pardonnez, monsieur, interrompit Amélie....; je suis sujette à céder ainsi à une impression qui m'a saisie, et je n'observe pas alors qu'on m'entend C'est une étrange infirmité, mais je vis ordinairement si loin du monde! Pardonnez-moi, je vous supplie, si j'ai laissé échapper une seule parole qui vous offensât dans vos opinions. Vous êtes protestant, sans doute....

— Je suis catholique romain.

— Catholique romain ! s'écria-t-elle en se rapprochant de moi d'un élan. — C'est aussi, ajouta-t-elle en se retirant un peu, la religion dans laquelle j'ai été élevée, quoique je fusse née dans une autre.

— Ceci me confond, repris-je avant d'avoir pu démêler les idées qui m'assailloient confusément. Ce n'est pas ce que j'avois appris du chevalier.

— Votre étonnement est tout naturel, dit Amélie. — Mais rien n'oblige deux jeunes étudiants en grec à renfermer leurs confidences dans le cercle étroit d'une version. Ma mère étoit catholique.

— Sir Robert me l'avoit dit.

— Mon père ne l'étoit point; il croyoit sa religion meilleure, et cependant il étoit persuadé que toutes les manières d'adorer le vrai Dieu lui étoient agréables, quand elles étoient naïves!...

—J'en suis persuadé comme votre digne père, Amélie; j'en suis sûr! le Dieu souverainement bon, qui se trouvera peut-être de l'indulgence pour le crime, seroit-il inexorable pour une erreur pieuse et sincère ? je ne saurois le croire ; et Dieu ne peut pas avoir permis que la pensée de sa foible créature fût plus bienveillante que lui.

—Je fus instruite sous ses yeux dans la religion de ma mère. Ce fut sa fille catholique qu'il bénit en moi au moment de me quitter pour cette longue absence de la mort; et en m'embrassant tendrement, il me dit ceci : Écoute seulement ta conscience; évite, si tu le peux, le bruit inutile et souvent scandaleux de l'abjuration. Le Seigneur connoît les siens. Mais, quoi qu'il arrive, rappelle-toi toujours que le sanctuaire de la vérité, c'est une âme pure. Si tu te souviens de cela, nous nous retrouverons avec celle que j'ai tant aimée, dans le sein du même Dieu ; car il n'y en a qu'un, et son nom soit glorifié sur la terre et dans le ciel! — Après cela il sourit, et je venois d'entendre sa voix pour la dernière fois. — Voilà tout.

— Les parents qui vous restent sont-ils instruits de vos dispositions?

— La crainte de les affliger m'obligeoit à les tenir cachées. La crainte de tromper leur confiance m'obligeoit à les découvrir. J'aimai mieux leur donner un chagrin que de leur dérober une affection. Aucun de ceux dont j'avois quelque fortune à attendre n'ignore mes sentiments. Je n'eus pas même dans cet aveu l'honneur d'un sacrifice. Le peu que je possède suffit à mon ambition; la loi m'accorde encore quelques avantages que mes économies rendent déjà superflus, et l'expérience m'a d'ailleurs appris qu'il n'y a point d'indépendance plus douce et plus assurée que celle qui résulte du travail.

Notre conversation dura long-temps, peut-être, mais il me seroit aussi difficile d'en mesurer la durée que d'en rappeler l'objet. Cet abandon d'un moment nous avoit conduits à l'intimité de l'âme; alors, tous les discours, tous les mots, toutes les inflexions de la voix, ont une signification que la parole ne peut traduire; mais cela est ravissant dans la mémoire. Il faut l'avoir éprouvé; il ne faut ni le raconter ni le lire.

Il y avoit deux existences dans Amélie; il y avoit deux âmes; une âme de génie qui planoit au-dessus de toutes les idées de l'humanité, une âme de jeune fille qui compatissoit à toutes les foiblesses, à toutes les ignorances des créatures inférieures. Son exaltation étoit sublime, et sa simplicité charmante; elle avoit des tristesses solennelles comme une reine céleste exilée de son empire; elle avoit des joies d'enfant. Je l'ai surprise à s'amuser d'un papillon, d'une fleur, à se parer d'une plume ou d'un ruban, à causer et à rire comme une simple femme, et cependant, ce n'étoit pas une femme.

Ce que c'étoit, je ne le sais pas; une apparition sans doute; une de ces communications du monde imaginaire que l'on croit avoir eues, qu'on se représente sous une forme idéale, qu'on se souvient d'avoir perdues en peu de temps, et qui laissent une trace éternelle dans la pensée. Si je n'avois pas là ses lettres, ses cheveux, sa bague d'écaille, son portrait, je serois plus certain d'avoir rêvé. J'ai beaucoup lu depuis; j'ai lu *Julie*, la création d'un homme sensible qui sait quelque chose de l'amour par ouï-dire. J'ai lu *Corinne*, l'inspiration d'un poète qui a beaucoup de tendresse dans l'imagination. En vérité, ces merveilles de style et de talent ne sont que de froides merveilles, parce qu'elles excèdent la portée habituelle de notre nature imparfaite. Amélie s'en éloignoit bien davantage encore, car Dieu est plus puissant que le génie, et c'étoit Dieu qui l'avoit faite. On ne me reprochera pas de l'avoir inventée, et qui inventeroit Amélie? Comment la ferois-je comprendre, moi qui n'ai pas le secret magique de ces gens-là? comment oserois-je dire : Voici quelle étoit Amélie, moi dont l'âme s'étonne et succombe encore après tant d'années au seul retentissement de son souvenir? A moi et pour moi, ces réminiscences inexprimables sans nom, sans forme, sans couleur! — Cela ne peut parler qu'à moi, comme le signe qu'un voyageur a laissé sur le chemin parcouru, comme la pierre blanche qu'un avare a cimentée dans la terre sur son trésor enfoui. Un jour peut-être, il faudra bien que je me condamne à écrire des romans ou des nouvelles, puisqu'on ne m'a trouvé bon à rien de plus utile dans la meilleure des sociétés possibles; mais je me garderai bien de leur donner Amélie pour héroïne. Je connois trop les règles de l'art.

Je la quittai plus tranquille. Les capitulations de ma conscience me coûtoient moins. Ce danger que sir Robert redoutoit pour sa pupille, c'étoit un événement échu qui n'avoit pas dépendu de moi. Le serment que je lui avois fait, c'étoit un engagement dont l'objet n'avoit rien que d'imaginaire. Je ne pouvois le tenir sans violer un nouveau mystère plus important pour le bonheur d'Amélie, et pour celui du chevalier lui-même. Ses deux illusions les plus chères en dépendoient, la constance d'Amélie dans sa foi, et l'accomplissement d'une édition de Pindare, immortelle comme Pindare. J'aurois été, je n'en doutois pas, délié de ma parole par un prêtre, et surtout par un avocat. Les confidences que je venois d'obtenir, sans le vouloir, me rendoient aussi libre que je l'étois avant de contracter une obligation téméraire. Si j'avois pu lui ré-

pondre quand il m'exprima ses inquiétudes :
Amélie est catholique et ses parents le savent,
—que lui restoit-il à me demander? Le serment de l'aimer avec pureté, avec une fidélité
inaltérable, avec une résignation soumise aux
volontés d'Amélie et de la Providence? Et qui
l'auroit aimée autrement! Étois-je arrivé d'ailleurs au point qui rendroit un pareil aveu si
nécessaire? Aimer Amélie, grand Dieu! Espérer qu'on seroit aimé d'elle! Ah! je n'avois pas
tant d'orgueil!

Au reste, le chevalier ne s'en informa pas.
Il n'interrogea pas une fois d'un regard mes
regards qui m'auroient trahi. Il étoit trop
absorbé dans la contemplation de ces scholies
que Pindare paroissoit avoir inspirées de son
génie, et de cette glose plus poétique, plus
élégante, plus harmonieuse que le texte. Combien de livres compulsés! Combien d'auteurs
appelés en témoignage! Combien de savantes
illustrations dédaigneusement confrontées
avec les simples notes d'Amélie! Que de
voyages pour Jonathas! Mais Jonathas étoit
impassible, et les bras chargés d'*in-folio*, il
classoit tout devant son maître avec une obéis-

sance mécanique dont la précision auroit déconcerté le bibliothécaire le plus habile. — Phénomène du siècle! s'écrioit sir Robert. Incomparable enfant qui a vu en Pindare tant de beautés célées à Schmidius, à Bénédictus. à Sudorius, à mon ami Heyne, et, je pense, à mon frère Jacobus, car je trouve ici telle découverte plus précieuse que l'or et les diamants, dont je ne lui ai jamais ouï parler! O Jacobus, où êtes-vous pour mouiller de larmes paternelles ce généreux rejeton, cette fleur prédestinée de votre tige glorieuse, cette vierge animée d'un esprit divin à laquelle j'élèverai un temple dans ma préface! Où êtes-vous, Jacobus! car mon cher *Paulo-post* est préoccupé de trop de pensées sérieuses pour prendre part à mon enthousiasme!

Je frémis. J'eus besoin de me remettre un peu pour concevoir que le chevalier me reprochât de ne pas sentir le prix d'Amélie, et d'en parler froidement. Hélas!...

Ce n'étoit pas heureusement l'ouvrage d'un jour que cette édition de Pindare. Après les *Olympiques*, les *Pythiques*. Après les *Pythiques*, les *Néméennes*. Après les *Néméennes*, les *Isth-*

miennes. Tout le monde sait cela ; mais la moindre difficulté exigeoit une visite à l'oracle, et j'aurois quelquefois pleuré comme Chapelle, que le chantre thébain n'eût pas assez vécu pour remplir un volume de la taille de Jonathas. Sir Robert, qui jouissoit presque autant de mes progrès que de ses acquisitions, étoit le premier à me presser de multiplier mes démarches. Il ne se plaignoit jamais que je partisse trop tôt et que je revinsse trop tard. Il pensoit que cette alternative d'exercice et d'étude étoit favorable à ma santé, à mon instruction, à mon bonheur. Il s'en informoit à Jonathas, en l'accablant de surnoms que lui fournissoit en foule son érudition mythologique, et d'épithètes caressantes qu'il ne trouvoit que dans son cœur ; mon doux Typhon, mon aimable Encelade, mon gracieux Prométhée. Jonathas, qui ne parloit, ainsi que je crois l'avoir dit, qu'autant qu'il y étoit contraint par une nécessité irrésistible, se contentoit d'exprimer son approbation par une légère inclinaison de tête et par un étrange sourire. Quant à moi, je n'ai pas besoin de dire que j'étois de l'avis de Jonathas.

Le livre du chevalier nous occupoit toujours Amélie et moi, mais il ne nous occupoit pas long-temps. Je ne sais pourquoi je me trouvois de jour en jour plus d'aptitude à comprendre le travail, et moins d'impatience à le terminer. Il en falloit si peu d'ailleurs pour fournir à sir Robert des recherches sans nombre et des amplifications sans fin! Aussi, au bout de quelques minutes, le poète grec étoit abandonné, et il s'écouloit au jardin d'Amélie des heures délicieuses, pendant lesquelles on n'en parloit plus. Ce n'étoit pas qu'on fût distrait comme la première fois par quelque digression subite et saisissante qui absorboit toute la pensée. On n'en parloit plus, parce qu'on cessoit de parler. Plus l'âme est remplie alors, si je m'en souviens bien, plus la conversation devient insignifiante, et quand le hasard fait qu'on a échangé quelques mots, on rougit de n'avoir trouvé que si peu de choses à dire. On a honte, on a pitié de soi-même, et on se tait. C'est beaucoup quand on ose s'exposer à la rencontre d'un regard que l'on cherche, — et que l'on évite. Oh! quand elle est près de vous, doucement pensive, colorée par une légère émotion, les lèvres entr'ouvertes par un souffle à peine entendu, les yeux fixés sur un objet qui n'est pas vous, mais qui ne la distrait point, car elle le regarde sans le voir, quelle agitation turbulente vient bouleverser le cœur au moment où elle les ramène sur les vôtres sans s'attendre à les trouver, et quelle existence ne se sent pas près de s'anéantir dans cette volupté peu mesurée à nos forces! On se recueille, on se réfugie en soi-même, on a besoin de lutter contre son bonheur pour n'en être pas accablé! Comme le sentiment de la vie est pur et complet! Comme le sein se gonfle à contenir, à posséder le présent! Et cependant, comme le temps vole, comme il s'en va! Vous avez beau vous imaginer que les soirées d'été sont longues; le son de l'heure n'a pas expiré sur la cloche que voilà la cloche qui en appelle une autre. L'ombre des arbres grandit pendant qu'on la mesure. Il faudra partir quand elle se plongera dans cette pelouse qui borde l'allée, et lorsque vous vous réjouissez qu'elle en soit encore si loin, elle y est déjà.

Le hasard ou un moment d'expansion avoit

un jour rapproché sa main de la mienne. Je ne saurois expliquer par quelle heureuse adresse j'y liai mes doigts de manière à ne pas la quitter. Cette communication, plus intime et plus douce que toutes celles que l'amour a inventées, devint pour les jours suivants un droit ou une habitude; cela, par exemple, rendoit tous les entretiens inutiles. Que diroient les paroles qui valût la correspondance muette de deux âmes unies par la surface d'un épiderme intelligent et sensible, par le frémissement sympathique des nerfs entrelacés, par le bouillonnement des artères, par la transfusion d'une moiteur tiède et pénétrante qui circule pour ainsi dire d'un cœur à l'autre? La possession d'une femme aimée, je sais bien ce que c'est : mais cela, tout le monde le sait-il? N'est-il pas pour quelques organisations tendres et passionnées quelque sens inconnu au vulgaire, quelque organe plus délicat, plus pur, plus exquis en perceptions, qui transforme, qui élève, qui spiritualise notre essence, et qui la fait participer par moments à la nature divine? Je l'avois jeune, cette faculté d'aimer autrement, d'aimer mieux que l'on n'aime! Je la conserve toute vivante au milieu des ruines de ma vie, et je plains sincèrement les hommes qui n'ont été qu'heureux, comme les hommes le sont.

Quand on se séparoit, c'étoit autre chose. Là commençoit une nouvelle espèce de bonheur. Cette félicité profonde qui ne s'étoit pas comprise restoit tout-à-coup en face d'elle-même. Elle se contemploit avec surprise, elle se goûtoit avec ravissement. Ces calmes et silencieuses voluptés faisoient place à l'exaltation, au délire; toutes les sensations ressuscitoient, et avec quelle vivacité! Toutes les idées se développoient, et avec quelle éloquence! On ne se contraignoit plus; on parloit, on crioit, on versoit des larmes à sangloter de joie! On prenoit le ciel et l'univers à témoin de son extase, et il n'y avoit pas un atome dans la création qui ne s'animât pour sentir et pour répondre. Comment n'y auroit-il pas répondu? Quand on a un amour immense dans le cœur, on referoit un monde! On pourroit dire à la lumière d'être, et la lumière seroit! Je recomposois tout. Je remettois tout à sa place, elle, moi, la nature;

je revoyois Amélie; je la revoyois peu distinctement, comme je pouvois la voir, comme je l'avois vue. L'ensemble de ses traits m'échappoit, mais qu'en avois-je besoin? Qui a jamais vu dans leur ensemble les traits de la femme qu'il aime? qui s'en est jamais souvenu? Mais, comme j'entendois sa voix, son parler franc, brusque, sonore, un peu cuivré, qui vibroit long-temps comme une flèche de métal émue, comme un cristal vide que le fer a frappé, qui retentissoit de plus en plus harmonieux dans mon oreille! il y vibre, il y retentit encore!

Et puis, ma propre pensée se prenoit subitement pour moi d'un amour naïf, d'un enthousiasme d'enfant! C'étoit moi, moi seul, qui avois passé quatre heures auprès d'Amélie, dans l'air qu'elle avoit respiré, dans le parfum de son haleine, dans les rayons de ses yeux. Je connoissois bien le côté de mon corps qui avoit pu l'effleurer. Je m'asseyois toujours à sa droite, parce qu'il y avoit à l'autre extrémité du banc un petit socle sur lequel elle étoit accoutumée à s'appuyer. Je me serois dérobé de ce côté à l'attouchement sacrilége d'un papillon d'or ou d'une touffe de roses, avec plus d'empressement que n'en met un naïre à éviter celui du paria. Ma main qui avoit pressé sa main, je la regardois, je l'aimois, je la trouvois heureuse, je la caressois de mes lèvres, je la cachois sur mon cœur, il me sembloit que j'étois la pierre de Bologne d'Amélie, que je réfléchissois quelque chose d'elle, que ceux qui m'apercevoient de loin se disoient tout bas entre eux : Voyez !

Le lendemain du jour fatal où j'avois rapporté à notre laboratoire classique la dernière note d'Amélie, le chevalier exigea que j'allasse passer quelques jours à visiter les merveilles de l'Oberland, pour me remettre des fatigues d'une si longue assiduité au travail. Il ignoroit qu'elles ne me fussent sensibles que depuis qu'elles étoient finies. J'acceptai cependant avec reconnoissance, parce qu'Amélie étoit sur le chemin. Je pourrai la voir, disois-je, et si je ne la vois pas, je passerai si près d'elle !

Je la trouvai sur notre banc de gazon. Elle y avoit pris ma place. Elle la quitta, comme si elle étoit honteuse de l'avoir prise ; je m'assis. Je ne la regardai pas, car j'avois à lui parler. Je lui parlai en effet de ma courte promenade dans l'Oberland, et du desir que j'avois éprouvé de la revoir pour la dernière fois.

—Pour la dernière fois, répondit-elle en se rapprochant de moi, et en m'abandonnant sa main, que je n'aurois pas osé prendre si vite. Pour la dernière fois! continua-t-elle en souriant. Les voyages de l'Oberland sont-ils si dangereux?

—Vous n'ignorez pas que je n'ai plus de prétexte à l'égard du monde pour revenir auprès de vous?

—A l'égard du monde! s'écria-t-elle avec étonnement.

— Il m'en reste moins encore aux yeux du chevalier.

—De sir Robert! reprit-elle. Ah! ah! cela est vrai! je n'y avois pas pensé. — Pour la dernière fois!

Nous ne dîmes plus rien. Elle ne s'étoit pas éloignée. Elle étoit là, près de mon sein. Elle me touchoit. Elle ne m'avoit pas retiré sa main. Sa main trembloit.

Il falloit qu'elle souffrît, car elle laissa tomber sa tête contre mon épaule. Cette fois-là, je sentis, j'aspirai son souffle. Ses cheveux s'étoient détachés. Ils se mêloient avec les miens; ils flottoient sur mon visage. Un de leurs anneaux vint jusqu'à ma bouche, et je le retins avec mes lèvres.

Quelque temps après, je crus sentir que son corps fléchissoit. Je passai mon bras autour d'elle pour la soutenir. Il est difficile de s'expliquer comment on ne meurt pas alors, et cela seroit si bien!

Ce fut elle qui s'aperçut que le soleil étoit couché.

—Voilà la nuit, me dit-elle en s'élançant de quelques pas au-devant de moi. — Pourquoi n'êtes-vous pas parti?...

—Je vais à l'Oberland, Amélie, et que m'importe quel sera mon gîte ce soir? une cabane, une bruyère, un rocher, tout est bon! —Je la suivis cependant.

Nous fûmes si long-temps à gagner la vieille et sombre galerie qui conduisoit à la porte, que les ténèbres finirent de s'épaissir. Amélie prit une lampe pour m'accompagner dans ce passage, qui étoit long, ruineux, difficile, et qui avoit appartenu à d'anciennes constructions monastiques. Des parties de la voûte qui s'en étoient séparées, çà et là, jonchoient le sol humide et mouvant auquel le temps les avoit incorporées comme des roches naturelles. Dans tous les endroits où étoit parvenue la lumière du soleil, on voyoit jaillir de leurs joints béants des poignées de mauvaises herbes, et surtout de la grande éclaire à fleurs jaunes.

Amélie me précédoit en se tournant de mon côté presque à chaque pas, surtout quand le chemin offroit quelque obstacle dangereux. Cette clarté livide qui projetoit en haut les ombres de son visage que je n'avois jamais vu éclairé autrement que par le ciel, lui donnoit quelque chose de l'aspect d'un fantôme. Elle me paroissoit plus triste, plus grande et plus pâle. Une idée de mort s'arrêta sur mon cœur. Je chancelai. La clef avoit tourné dans la serrure. Le gond avoit crié. L'air étoit devenu moins froid, l'obscurité moins sombre. C'étoit déjà l'extérieur, le monde de ceux qui croient vivre. Déjà cela! —

Je retrouvai la main d'Amélie. Je ne savois plus ce que c'étoit qu'une main de femme. Je la saisis à la briser. Je la portai à mon front, à mes yeux, à ma bouche. Je la couvris, je l'imprégnai de baisers dans lesquels j'aurois voulu laisser mon âme. Eh! qu'avois-je besoin d'une âme à moi, d'une âme qui n'étoit bonne qu'à souffrir! La porte se referma. Je ne compris pas qu'Amélie ne fût pas sortie aussi, qu'elle m'eût laissé seul, tout seul! Il me sembloit qu'elle, c'étoit nous deux.

Tout-à-coup, j'entendis un cri. Je me précipitai vers cette porte, comme si elle n'avoit pas dû m'arrêter. Il y avoit là un de ces petits treillis de fer qu'on voit aux maisons des reclus, par lesquels on regarde, on parle, on interroge. Amélie étoit immobile à la place où je l'avois laissée, absorbée par une pensée fixe, et les yeux cloués sur la terre. Sa lampe tomba.

Je m'attachai à la porte. J'enfonçai mes doigts entre ses moulures. J'essayai de crier aussi, je criai sans doute. On avoit entendu. L'extrémité de la galerie s'éclaira, et je vis la robe d'Amélie flotter, se cacher et reparoître tour à tour entre les débris. Elle arriva.

Je ne me soutenois plus. Je défaillis sur le

seuil, je l'inondai de mes pleurs, je le frappai de ma tête, je ne l'aurois pas quitté, si une idée ineffable comme celle qui doit s'éveiller à la résurrection dans l'âme d'un élu, ne m'avoit rendu la force et la vie.

Je me levai, je me tins debout, je marchai sans effort; je m'étois dit : Elle m'aime peut-être!

Je passai huit jours à parcourir l'Oberland, à errer, à gravir, à méditer, à jouir du bonheur d'être libre et de vivre avec ma pensée. Amélie n'étoit pas près de moi, mais je croyois sentir que son cœur me suivoit. Depuis que je l'aimois, je n'avois jamais été aussi loin d'elle, et jamais je n'en avois été moins réellement séparé. Ce qui nous séparoit, c'étoit ce qu'on peut parcourir de la terre dans un demi-jour de marche; un peu d'air, un peu de ciel, pas un sentiment, pas une distraction. Sa voix étoit la dernière qui eût vibré dans mon cœur, sa main, la dernière que j'eusse touchée, son regard, le dernier qui se fût rencontré avec le mien. Je lui parlois, je la voyois, je la touchois encore. Une éternité heureuse, un vrai paradis pour l'âme, ce seroit une émotion pareille, ainsi prolongée, ainsi entretenue, sans altérations, sans vicissitudes, sans défiance de l'avenir, et toujours, toujours vivante !

Le jour de mon retour à Berne, il étoit grand matin quand je passai au-dessous de la maison. Je n'avois pas dormi. Je m'étois levé dix fois pour savoir si l'aube paroissoit. Ne devois-je pas voir cette maison, et pouvois-je la voir trop tôt? Enfin, elle se détacha blanche, et frappée du soleil levant, au milieu de ses massifs d'ombrages, d'où elle s'appuyoit jusqu'à la route sur cette vieille aile de batiments délabrés, qui probablement n'existent plus. Tant d'autres choses ont disparu depuis !

Il n'y avoit qu'une croisée ouverte. C'étoit celle d'Amélie. Je supposai qu'elle avoit voulu jouir de cette heure délicieuse où la nature s'éveille avec tant de grâce. Je me flattai que ses premiers regards s'y étoient tournés du côté de l'Oberland. J'espérai qu'elle y reviendroit. Elle ne parut pas. Rien n'étoit moins extraordinaire, et cependant je ne pus me défendre d'une étrange tristesse.

Cela m'étonna. Que manquoit-il au charme

de cette matinée? L'horizon étoit si pur, l'air si doux, l'automne si beau avec ses magnifiques feuillages qui commençoient à peine à se marbrer de couleurs resplendissantes, comme si chaque arbre avoit porté des grappes d'or et de pourpre! Il manquoit Amélie; Amélie n'y étoit pas.

Je fus fêté du chevalier comme un enfant chéri qu'on n'a pas vu depuis des années, et qui arrive de loin. Cependant après quelque temps son visage se rembrunit, et sa tête, lentement renversée en arrière jusqu'à devenir horizontale au plafond, le frappa d'un de ces regards verticaux sur la signification desquels je ne pouvois plus me méprendre.

Je conçus qu'il étoit survenu quelque malheur. Mon cœur se serra.

— Es-tu entré chez Amélie à ton retour, me dit Sir Robert?

— Chez Amélie? répondis-je. Et comment? A quelle occasion? A quelle heure? Pourquoi? Pindare est fini.

— Elle est malade, reprit-il en ramenant sa tête sur sa main aussi lentement qu'il l'en avoit éloignée.

— Malade! m'écriai-je. En danger, peut-être! Expliquez-vous, monsieur le chevalier!

Il étoit trop ému pour prendre garde à mon émotion. Il continua :

— En danger, — c'est selon. Les médecins ne le pensent pas. Ils parlent d'une indisposition, d'une espèce d'infirmité nerveuse qui ne compromet pas la vie; mais ils disoient cela aussi de... quelqu'un, d'une autre femme, d'un autre enfant, qui sont morts à la suite d'un mal qui avoit les mêmes symptômes. Oh, ceci, *Paulo-post*, m'est plus à cœur que les leçons de Pindare, plus à cœur que ma propre existence! Amélie est tout ce qui reste de mon Jacobus!

Je n'entendois qu'à peine; je rassemblois mes idées. Je réfléchissois. J'avois entendu parler de cette maladie extraordinaire par Amélie elle-même; j'en savois les caractères : son cœur palpitoit tout-à-coup avec violence; ses oreilles bruissoient comme assourdies par la chute d'une cataracte; ses yeux s'obscurcissoient, s'éteignoient, et puis son sang ne circuloit plus, son pouls ne battoit plus. Elle cessoit d'être un moment, car la crise, arrivée à ce point, ne duroit jamais qu'un moment; elle n'en rapportoit d'autre souvenir que celui d'un songe confus, d'un excursion passagère dans les ténèbres de la mort; mais elle s'en inquiétoit si peu qu'elle avoit presque réussi à me faire partager son insouciance.

—Malheureusement, ajouta le chevalier, tu es trop fatigué pour aller t'informer aujourd'hui de son état, dont tu jugerois mieux que Jonathas....

J'étois parti.

—Mademoiselle a expressément exigé de rester seule, me dit une des filles de service qui vint m'ouvrir, mais elle a excepté les personnes qui se présenteroient de la part de sir Robert.

Je volai vers la chambre d'Amélie. Je m'étonnai, quand je fus entré, qu'on en refermât la porte sur moi; mais je me souvins qu'elle avoit expressément exigé de rester seule.

Elle étoit seule en effet, —assise sur un fauteuil, la tête appuyée au dossier, les yeux fermés, le teint plus pâle que de coutume. —Je m'élançai vers elle, elle ne fit pas un mouvement; —je saisis sa main, elle étoit froide.

— Je poussai un cri, je tombai à genoux, je pressai cette main de mes deux mains, j'y collai mon visage ; je criai encore, je priai, je pleurai. — Je ne savois pas si c'étoit un des accès qu'elle m'avoit décrits ou si c'étoit la mort même. — Cela dura un temps impossible à calculer : — une minute, — une éternité. — Je ne criois plus, je ne pleurois plus, je mourois.

Sa main s'étoit réchauffée sous mon haleine, sous mes larmes, sous mes baisers. Mes doigts crurent y retrouver en s'élevant jusqu'à l'artère le jeu de la vie et du sang ; elle palpita enfin, elle se déroba à mes lèvres, et j'osai reporter mes regards sur Amélie, dont les yeux ouverts et fixes étoient attachés sur moi avec un étonnement inquiet.

— Maxime ! s'écria-t-elle en jetant ses bras sur mes épaules ; Maxime ! C'est lui ! c'est toi !... c'est bien toi !... Tu m'aimes donc !...

— T'aimer, Amélie ! Oh ! t'aimer, t'adorer, vivre ou mourir de t'aimer, sentir mon âme s'anéantir dans cette pensée. — Mourir là... Maintenant... maintenant.

—Bien, bien, dit-elle, en passant ses doigts

sur ma tête, sur mon cou, en essuyant la sueur de mon front et les pleurs de mes yeux !
— Le voilà donc revenu de l'Oberland ! C'est toi, c'est Maxime ! et je sais qu'il m'aime ! Heureuse Amélie ! je pouvois mourir un moment trop tôt !...

— Mourir ! ah, tu ne mourras pas ! je te le défends ! j'ai de la vie, j'ai de l'avenir pour nous deux.

Et pendant que je lui parlois, je la regardois plus fixement que je ne l'avois fait jamais. Je m'étonnois de voir ses joues animées de couleurs si vives, et sa prunelle s'épanouir en rayons de feu. Je craignis de m'être trompé sur sa résurrection, et que ce qui me restoit d'Amélie ne fût plus qu'une âme qui achevoit de se transfigurer pour le ciel.

— Attends, attends ! repris-je. Calme-toi ! calme ton cœur pour me le conserver ! Pense qu'une émotion trop forte peut mettre en péril ta vie et la mienne, puisqu'elles n'en font plus qu'une ! Pense que je ne résisterois plus à la douleur de te voir comme je t'ai vue tout-à-l'heure ; que tu as depuis ce temps-là toute ma destinée de plus à sauver !... Calme-toi, mon Amélie! repose-toi! Éloigne-moi! éloigne ma pensée! Je veillerai tout près!... A un signe parti de ta croisée, au moindre cri, au moindre appel, je serai à tes genoux, et tu te réveilleras encore!

— Mourir! mourir! quelle frénésie insensée! dit-elle. Amélie mourir! quelle crainte d'enfant! mourir est bon pour la foiblesse et pour le malheur, mais je ne mourrai point! Regarde, n'es-tu pas là? ne me touches-tu pas? ai-je encore la main glacée, les joues pâles? mon sang se fige-t-il encore dans mes veines? mon cœur se crispe-t-il encore comme sous la dent d'un serpent? Il est si joyeux, mon cœur! Il danse, il bondit dans mon sein! Ah! ce n'est pas ainsi que l'on meurt, ou la mort vaut mieux que la vie! —

Son exaltation m'enivroit et m'effrayoit en même temps. Elle s'en aperçut. Elle appuya sa tête sur mon bras, car je m'étois assis auprès d'elle; et souriant, l'œil plein d'une joie douce et reposée, les mains nouées nonchalamment autour de moi, elle me dit à basse voix:

— N'aie pas peur!... ne t'inquiète pas!... Je

suis tranquille! je suis guérie! je suis heureuse! tu me retrouveras heureuse... — Vois-tu! je suis la première encore à m'apercevoir que le soleil se couche; et ce soir, tu ne vas plus à l'Oberland!... —

Le soleil se couchoit en effet, et depuis longtemps le chevalier attendoit avec impatience des renseignements circonstanciés sur la position d'Amélie. C'est que ce jour-là les minutes avoient passé mille fois plus vite qu'à l'ordinaire; c'est que cet entretien, qui s'écrit en si peu de lignes, étoit, comme le savent ceux qui ont aimé, inépuisable en détails toujours semblables et toujours nouveaux. Qui dira jamais ce qu'il y a de nuances de la pensée dans l'expression d'un regard, dans l'accent d'une syllabe, dans la modulation d'un souffle, dans le silence même qui succède plus éloquent encore aux paroles et aux soupirs? Que dira combien un mot répété à l'infini pourroit signifier de choses différentes, s'il s'échangeoit éternellement entre deux âmes passionnées qui se le renvoient comme un défi fantastique d'en saisir la dernière pensée! qui comprendroit l'incompréhensible moment où deux amants qui viennent de s'avouer qu'ils s'aiment, s'apercevroient qu'ils se le sont dit assez!

Je partis cependant. Il le falloit bien. J'étois tranquille d'ailleurs. Amélie ne souffroit plus. Elle me l'avoit juré! Quand je fus parvenu au dehors de la vieille partie des bâtiments, et que le circuit de la route m'eut ramené sous sa fenêtre, elle y étoit pour me jeter un signe d'adieu, et pour me suivre des yeux jusqu'au premier coude du chemin. Alors, elle y étoit encore, et le signe se renouvela entre nous deux, avec un abandon que l'espace qui nous séparoit rendoit innocent comme son cœur et comme le mien. C'étoit un baiser peut-être!

Sir Robert n'avoit pas couvert un feuillet, — que dis-je! il n'avoit pas ouvert un livre depuis mon départ. Jonathas, immobile, debout et perpendiculaire, suivant sa coutume, épioit depuis trois heures sur le front soucieux de son maître cette velléité de l'édition *princeps*, ou de l'exemplaire *in membranis*, qui amusoit ordinairement sa solitude de distractions si douces. Je sentis que c'étoit l'inquiétude où je le laissois depuis trop long-temps sur la santé d'Amélie, qui avoit absorbé toutes les facultés de cette âme tendre, accoutumée à vivre par les autres, beaucoup plus que par elle-même; et je regrettai d'avoir été si long-temps heureux.

— L'état d'Amélie est meilleur, dis-je en m'appuyant sur le fauteuil du chevalier, et j'espère qu'en peu de jours il ne nous laissera plus de craintes.

Les traits de sir Robert se dégagèrent du nuage qui les couvroit. Sa bouche reprit le sourire qui lui étoit habituel, et il me pressa la main...

— Alors, reprit-il, tu retourneras demain de bonne heure, et je serai plus tôt rassuré.

Je ne savois pas positivement si c'étoit là un reproche, mais je me promis de ne pas m'y exposer davantage.

Quand j'arrivai, Amélie n'étoit pas seule comme la veille. Son rétablissement avoit fait assez de progrès, pour qu'elle pût recevoir ses amies, devant lesquelles elle auroit craint de paroître dans l'état d'anéantissement où je l'avois surprise. Mes visites n'excitoient d'ailleurs aucune défiance dans la maison, et personne ne soupçonnoit que j'y fusse attiré par un autre amour que celui du grec. On ne tarda pas à nous laisser.

C'est une étrange position que celle de deux amants qui se retrouvent pour la première fois, quelques heures après la première expansion d'un sentiment qui s'est trahi de part et d'autre, et qui a, pour la première fois, confondu leurs âmes en une seule âme. Il se passe alors quelque chose d'extraordinaire dans l'esprit. Le bonheur qui l'avoit préoccupé d'une conviction si profonde et si délicieuse, devient presque un objet de doute. On se demande avec effroi si l'on n'a pas rêvé, ou bien si cette lueur passagère de félicité qui suffiroit à toute la vie, doit se refléter sans altération sur un seul lendemain. Il semble que l'avenir entier a été dévoré dans une minute de délire. On n'ose ni se regarder ni se parler, parce qu'on sait tout ce qu'on perdroit à échanger contre une émotion présente, refroidie par la réflexion ou par le caprice, l'émotion brûlante du passé. Une fois que je fus assuré qu'elle étoit mieux, j'aurois voulu n'être pas venu. J'aurois voulu, du moins, être sorti avant les étrangers, avant les indifférents. J'aurois moins redouté d'être confondu avec eux...

— J'annoncerai donc à sir Robert qu'Amélie ne souffre plus, dis-je en me levant sans tourner les yeux sur elle, et en me disposant à partir sans attendre sa réponse.

Deux ou trois minutes de méditations ne m'avoient rien suggéré de plus adroit pour me soustraire à l'inexplicable embarras de mes pensées et de mon cœur.

— Oui, Maxime, vous pouvez le lui annoncer, en le remerciant de son intérêt et de ses bontés.

— *Vous pouvez le lui annoncer!* m'écriai-je à ses genoux. Ah, parle-moi comme hier, une fois, une fois seulement, ou n'espère pas que je vive assez long-temps pour le revoir et pour te nommer à lui!...

Elle remit ses bras autour de mon cou, elle me rapprocha d'elle, elle laissa retomber sa tête près de la mienne, elle couvrit ma tête de ses cheveux, comme la veille.

— Pauvre ami! dit Amélie, que t'ai-je fait

pour douter de moi? Hier, c'est toujours!...

— J'en étois sûr, repris-je en pleurant de joie, mais j'avois besoin de te l'entendre dire encore!

Depuis ce jour-là nous ne fûmes plus en peine, et nous n'oubliâmes plus de nous tutoyer.

Ces entrevues se renouvelèrent souvent; elles durèrent quelques semaines, soit que la parfaite guérison d'Amélie me laissât quelques inquiétudes réelles, soit que l'intérêt de ma passion et de mon bonheur m'eussent réduit à la vile nécessité de prolonger celles du chevalier. On va si loin, sans le savoir, une fois qu'on a capitulé avec sa conscience, une fois qu'on a menti!

La fausseté de cette position morale finit cependant par m'inquiéter, au point de troubler mon sommeil, d'empoisonner mes rêveries solitaires, jusqu'alors si douces et si pures. Je me surprenois de temps en temps dans ces promenades, si remplies de la pensée d'Amélie, à me frapper le front avec colère, et à me dire tout haut : Cela n'est cependant pas bien !

Je n'avois eu de mystère pour Amélie que celui-là. Je me décidai à le lui livrer un jour tout entier. Je lui racontai les premières craintes de sir Robert, et le serment que je lui avois fait, et les excellentes raisons dont je m'étois avisé pour ne pas le tenir. Elle resta quelque temps à me répondre.

— Mon ami, me dit-elle enfin, nous sommes libres tous les deux, et rien ne peut nous empêcher de nous aimer toujours, car je ne douterai jamais de ton cœur; mais ne plaçons pas notre bonheur sous les auspices du parjure! Tiens les engagements que tu as pris. Dis tout; dis que tu m'aimes! dis surtout que je t'aime, et que ma vie dépend de toi! Un devoir accompli est le premier de tous les biens. L'événement qui nous priveroit du bonheur présent, n'est rien au prix de l'avenir que Dieu peut nous donner.

Je disputai comme un enfant, mais je partis résigné à lui obéir. Je me répétois encore en entrant chez sir Robert : Elle le veut! — C'étoit une autorité plus puissante pour ma foible raison qu'un serment prêté sur l'Évangile et dont j'avois pris Dieu même à témoin!

Le chevalier m'attendoit ; et, à mon grand étonnement, le livre sacré étoit ouvert devant lui comme la première fois. Je ne l'avois pas revu depuis, mais je l'eus bientôt reconnu.

Je tremblai de tous mes membres. Une sueur froide coula de mon front. Je me demandai si je veillois.

— Vous souvient-il de ceci, me dit sir Robert ? quelque chose de pareil s'est déjà trouvé entre nous.

— Pardonnez, dis-je en m'asseyant, car je me soutenois à peine. Un moment, au nom du ciel, pour que je n'expire pas devant vous ; mais auparavant, ne croyez-vous pas nécessaire d'éloigner Jonathas ?

— Jonathas ne vous entend pas, Maxime. Il ne sait que ce que son intelligence mécanique lui a enseigné, pas davantage ; et il faut que les affaires de votre âme soient en mauvais ordre, mon malheureux ami, pour que vous redoutiez une conversation françoise devant un Gallois qui ne sait pas même l'anglois.

— Je suis remis, monsieur le chevalier. Je n'ai plus peur. En me rappelant à mon âme, vous m'avez rendu ma sécurité. Vous êtes instruit, mais je peux tout dire. L'aveu que vous alliez me demander, je jure que je venois le faire!

— Et sur quoi jureras-tu cette fois-ci? répondit le chevalier, en laissant tomber sa tête sur le dos de son fauteuil.

— Arrêtez, sir Robert! Vous abusez de vos avantages. Vous me condamnez à mort, avant de m'avoir entendu.

— Maxime, je vous écoute!

— Je vous ai promis mon secret; et le jour où je l'ai appris, ce secret funeste, il étoit déjà celui d'une autre, le secret de la vie d'Amélie! Elle vient de me dégager!

— Elle vient de te permettre d'être fidèle à ton serment, sans doute!

— Elle vient de me le prescrire. Depuis notre seconde entrevue, je savois qu'elle étoit dans le cœur catholique romaine.

— Catholique romaine! s'écria sir Robert éperdu, où as-tu pris ce blasphème, calomniateur impie?...

— Dans ses paroles, dans ses aveux, monsieur le chevalier, un jour qu'elle me croyoit protestant.

— Catholique romaine! Apostasie! parjure! sacrilége! profanation des profanations! La fille de Jacobus catholique! et il ne s'est pas levé de son tombeau pour la maudire!

— Il y est descendu en la bénissant. Le père d'Amélie savoit qu'elle étoit catholique romaine.

Ici la consternation de sir Robert fut à son comble. Son esprit paroissoit égaré dans un chaos d'idées confuses et de résolutions contradictoires. Ses yeux fixes exprimoient la terreur d'un homme frappé par une horrible apparition. Il répétoit en balbutiant : Catholique romaine, et son père le savoit! Apostasie, apostasie et parjure!

— Et quand cela seroit aussi vrai que cela est faux, reprit-il au bout de quelques minutes d'agitation, mais d'une voix forte et assurée ; — quand elle auroit trahi son Dieu, devois-tu le trahir aussi? Sont-ce là les enseignements que vous recevez de votre église? Ou, si tu ne crois pas même à la religion que tu attestois, les simples règles de la probité humaine ne t'engageoient-elles pas envers moi? Qui t'avoit permis de tromper la crédulité d'un ami, dupe de sa folle confiance en tes promesses, d'un vieillard qui s'étoit livré à toi! faut-il que je te le rappelle, avec l'aveugle tendresse d'un père?...

— J'ai eu le malheur de croire que je comprenois mieux les intérêts de votre bonheur, en vous épargnant une peine irréparable. Mon erreur est grave sans doute, mais ce motif l'excuseroit, si elle pouvoit être excusée.

— Le parjure ne s'excuse point. Il porte toujours son châtiment, et le ciel veuille te l'épargner! Irréparable, dis-tu! Il n'y a rien d'irréparable ici que ta fatale passion, peut-être! Tu m'as dit qu'elle étoit catholique romaine dans le cœur. Hélas, cela n'est que trop possible! N'es-tu pas catholique romain? J'ai connu aussi le cœur des jeunes filles; et leur foi, c'est la foi de ce qu'elles aiment; leur religion, c'est leur amour. Mais elle n'a pas abjuré. Si elle avoit abjuré, ses ressources n'existeroient plus; l'opinion l'auroit repoussée, l'auroit flétrie! Elle seroit obligée d'aller cacher ailleurs l'opprobre qui s'attache aux renégats! Le penchant insensé qui l'entraîne au papisme s'évanouira aussi vite que l'illusion qui t'a dévoué son âme pour quelques mois. — Tu te révoltes contre cette idée, je le conçois ; mais l'avenir te confirmera mes paroles, car l'affection des femmes est encore plus passagère que leur croyance, et une femme qui a délaissé Dieu peut bien oublier un amant. — C'est pourtant à cette courte jouissance de la vanité, à l'accès de délire d'une fièvre de jeune homme que tu as sacrifié la paix de mes vieux jours et l'honneur de tes engagements ! Justifie-toi, si tu le peux !

— Je crois que je le pourrois, mais je n'en ai pas besoin. La pureté d'Amélie est sans reproches. Notre amour mutuel n'a été deviné que par vous. Il ne laissera ni rougeur à son front ni remords à son cœur, ni tache à sa réputation. Quant à mes obligations, elles sont intactes et sacrées, comme le jour où je m'en suis lié volontairement. Je n'ai que mon bonheur de plus à immoler à mon devoir ; mais cette considération ne m'arrêtera point. Ma vie vous appartient, monsieur le chevalier, et vous pouvez être sûr que je ne vous la disputerai point.

—Qui te demande ta vie que j'ai plus à cœur que la mienne? répondit le chevalier en me tendant la main. Suis-je assez fort maintenant pour te retenir sur le bord de l'abîme où je vous ai poussés tous les deux, moi, le plus coupable de nous trois? Oh, que la foudre anéantisse tout ce qui reste de Pindare, sans en excepter mon bel exemplaire de l'édition de Calliergi!... Malédiction sur Pindare, sur Calliergi et sur moi!

— Le Pindare de Calliergi? dit Jonathas en se penchant à l'oreille de son maître...

— Je n'en ai pas besoin, tendre et obéissant Goliath, répliqua le chevalier, qui tournoit en même temps un regard affectueux sur le Gallois attentif. — Je n'ai pas besoin du Pindare de Calliergi. Je ne veux jamais le revoir! — Et cependant il feroit encore le bonheur de mes yeux, si j'avois trouvé dans l'âme d'un fils de mon choix, l'unique objet de mes espérances, la soumission résignée de ton âme de sauvage.

Alors, Jonathas avoit compris qu'il ne s'agissoit plus du Pindare de Calliergi, et il n'avoit compris que cela.

Le chevalier nous regarda tous les deux, et il se mit à pleurer. — Il pleuroit sur moi. — J'étois à ses pieds.

— Mon maître, mon ami, mon père, lui dis-je en sanglotant, disposez de l'obéissance de Maxime comme de celle de Jonathas! Ordonnez! — La journée n'est pas avancée! — J'ai le temps de partir de Berne.

— Et de prendre la route de l'Oberland, dit sir Robert en pressant ma tête de ses mains.

— La route que vous voudrez! celle qui m'éloignera le plus d'Amélie, celle au terme de laquelle je ne pourrai jamais retrouver ni elle ni vous! Je la prendrai, s'il le faut, pourvu que vous me conserviez, elle et vous, un souvenir d'estime et d'amitié!...

— As-tu réfléchi au moins à la portée de cette promesse?

— Elle sera accomplie dans une heure; je ne vous demande que le temps de lui écrire, de lui expliquer en quelques mots la résolution que vous exigez de moi, de lui dire une seule fois encore que mon cœur ne vivra jamais que pour elle! Je ne lui parlerai pas de mes projets, je ne lui indiquerai pas l'asile que je vais chercher. Je n'ai point de projets, point d'asile. Je ne sais où je vais. Tout ce que je sais, c'est que je vais où elle n'est pas, et que j'y vais parce que vous l'avez voulu. — Après cela, c'est fini, et Maxime sera pour vous deux comme s'il n'avoit jamais été.

— Comme s'il n'avoit jamais été! interrompit le chevalier avec exaltation. — Mon fils, mon cher fils, mon *Paulo-Post* bien aimé! Comme s'il n'avoit jamais été! Est-ce donc une âme insensible au dévouement le plus généreux, sans compassion pour les erreurs de la sensibilité, sans admiration pour le courage de la vertu; est-ce un homme aux entrailles de fer que le vieil ami de Maxime?... Ah! condescends toi-même aux inquiétudes mortelles du pauvre chevalier Grove; prends pitié de sa rigueur, et tâche, s'il est possible, de ne pas l'accuser! Oui, mon ami, j'espère, j'espère encore que cette abjuration criminelle n'aura pas lieu, quand son premier, quand son unique motif aura disparu. J'espère que ce scandale effrayant, dans une personne d'une si rare élévation de caractère et de talents,

n'affligera pas le peuple qui suit la loi de
vérité. J'espère que l'impression de ce déplorable amour qui vous perdoit l'un et l'autre,
s'effacera en quelque temps quand vous serez séparés. Je ne compte pas sur l'impossible
pour vous guérir ; je compte sur ce qu'il y a
de plus essentiel dans notre nature, de plus
inévitable dans notre destinée, sur l'instabilité de deux cœurs d'enfant qui ont cru s'aimer, parce que le hasard et l'étourderie d'un
vieux fou les ont rapprochés par malheur. Je
compte sur ce besoin insatiable d'amour dont
tu te croyois affranchi à jamais, quand tu
voulus te faire moine, et qui te tourmentera
peut-être encore sous des cheveux blancs. Il
ne manque pas de belles filles papistes qui ai-
meront mon Maxime, et qui seront fières d'en
être aimées.—Et s'il en arrivoit autrement !..
si la fatalité de ma vie m'avoit fait tomber sur
une de ces passions de roman qui résistent à
l'épreuve de l'absence et du temps, nous ver-
rions alors ! Et tu sais, si tu ne m'as pas mal
jugé, que tu trouverois dans mon sein un port
assuré contre le désespoir. — Va-t'en donc,
si tu en as le courage; mais ne t'en va pas

comme l'ami oublieux qui veut qu'on l'oublie. Ecris-moi... tous les jours, et ne va pas loin !..

Pendant que le chevalier répétoit tout cela sous dix formes différentes, mais plus bienveillantes et plus expansives les unes que les autres, je laissois tomber sur le papier mes tristes adieux à Amélie.

— Voilà cette lettre, dis-je en la lui présentant tout ouverte. — Et maintenant, je suis prêt. —

Il la ferma sans la lire.

Quelques dispositions nécessaires m'appeloient un moment dans ma chambre. A mon retour, je trouvai sir Robert plongé dans le plus profond abattement. Je pris sa main pour la porter à mes lèvres, mais il m'attira dans ses bras...

— Et moi aussi, dit-il, moi dont le cœur s'est toujours amolli aux souffrances des autres, je fais preuve de courage ! d'un courage, hélas, sans compensation et sans espérance ! Tout mon avenir, à moi, c'étoient les jours, le peu de jours que j'avois encore à t'aimer présent et heureux, et à me croire aimé de toi ! Qui m'aimera demain ?

J'avois été calme jusqu'alors comme un homme ferme qui entend prononcer sa sentence; mais je commençois à céder sous le poids de sa propre douleur. Je l'embrassai et je m'enfuis. Je parcourus Berne sans rien voir. J'en sortis avec l'impression confuse et horrible de l'infortuné qui se précipite dans un abîme obscur, et qui n'a pas même reconnu du regard l'endroit où il va se briser. Au bout de trois heures de marche sans but, j'arrivai je ne sais où, dans un village dont je n'ai jamais pu retenir le nom. J'étois sûr seulement de n'avoir pas suivi la route de l'Oberland.

Je marchai quelques jours, m'arrêtant partout, ne me fixant nulle part, du canton de Berne au val d'Orbe. Ces sites romantiques et solitaires convenoient à l'état de mon âme. J'aurois voulu ne pas les quitter. J'y pensois couché sur le roc, par une belle après-midi de la fin de l'automne, quand des explosions d'armes à feu, répétées à peu de distance, me tirèrent de ma rêverie : je supposai qu'il y avoit là des chasseurs. Un instant après, des balles rebondirent à mes côtés. Je me levai.

Je portai les yeux autour de moi. Je m'étois reposé sous une cible. Voilà ce que la société a fait des magnificences de la nature.

Si j'avois été tué ainsi cependant, je mourois si pur et si heureux, je mourois dans la contemplation de Dieu et de ses ouvrages, dans cette pensée d'Amélie qui se mêloit à toutes mes pensées, qui étoit la source de tout ce qu'elles avoient de noble, de touchant et de passionné! Ma vie étoit si complète! Le bonheur de choisir, de marquer l'instant et le genre de la mort seroit trop achevé pour notre misérable destination de la terre. Il n'y a que le suicide d'heureux; il n'y a que lui qui puisse disposer de ses jours à heure fixe, et je n'y songeois plus, au suicide. — Les suicides n'entreront pas dans le paradis d'Amélie.

Il étoit tard quand j'arrivai à Yverdon, dans cette auberge qui est la première à droite en venant du pays de Vaud; Yverdon, ville douce et paisible, mais dont la position, les aspects, les harmonies pittoresques, les calmes et sérieuses beautés, sont frappées de je ne sais quelle fatalité de mélancolie qui saisit le cœur. Le lendemain, j'avois devancé le lever du soleil sur les bords de son lac, noir encore, immobile et sans bruit, parce que l'atmosphère humide et reposée comme lui n'étoit pas agitée du moindre vent. Je m'assis, j'attendis, j'épiai, je suivis du regard à travers l'horizon qui s'élargissoit peu à peu, les progrès du jour naissant. Il survint un instant où les brumes, balancées par un mouvement qui leur étoit propre, commencèrent à blanchir, à relâcher leur réseau pénétré de rayons pâles, à s'éparpiller en folles toisons, à se rouler plus vagues et plus légères à la pointe des promontoires, à se pelotonner au loin sur les eaux comme des bancs d'écume, à s'écheveler à la cime des arbres à demi défeuillés, comme ces brins de soie flottants qu'un souffle égare dans l'air. La lumière croissoit de toutes parts; le lac bleuit. Je distinguai à sa surface l'entrelacement de ses rides frémissantes, mais trop peu émues pour être sonores. On auroit entendu d'une lieue le sursaut d'un poisson réveillé par la tiédeur de l'air matinal, ou le battement périodique d'une rame. Et alors, Granson dessina sur la côte opposée la blanche silhouette de ses maisons en amphithéâtre, et des clôtures inégales de ses vergers. Ce spectacle triste et pacifique à la fois convenoit à l'état de mon cœur, il soulageoit ses perplexités en le pénétrant d'une langueur pleine de charme. J'aimois déjà Yverdon comme on aime une longue impression de regret et de douleur, qui s'est identifiée avec la vie, et je ne savois pas encore pourquoi.

Le sentiment inexplicable que je venois d'éprouver se fortifioit à chaque pas que je faisois dans une promenade unique au monde qui me ramenoit à la ville par des allées d'arbres immenses, dont la pompe magnifique et solitaire imposeroit aux cœurs les plus vulgaires un sublime recueillement. J'y pensois à l'Élysée de Dante, à cette grave et rêveuse immortalité des enfants morts sans baptême, et des sages morts sans révélation. Un doute amer et profond m'avertissoit depuis longtemps que l'éternité ne me réservoit pas d'autres joies et d'autres récompenses. Il y a des âmes, longuement prédestinées à souffrir, pour qui le seul souvenir de la vie empoisonneroit à jamais la félicité des élus. Je pleurai, mais je ne pleurai pas sans douceur, et je compris que cet avenir sans fin étoit assez bon pour moi. Je m'arrêtai avec une angoisse de tristesse et de volupté qu'on ne sauroit définir, à l'endroit le plus écarté, le plus sauvage, sur une pelouse épaisse et profonde qui ne paroissoit pas avoir été foulée. Je la sondai d'un regard prévoyant et altéré de repos; je lui demandai un refuge, et une de ces convictions lucides qui s'emparent on ne sait comment de la pensée, m'annonça tout-à-coup que je l'y trouverois. J'en suis cependant bien loin aujourd'hui!

Je passai le reste de la matinée à rouler sur cette place un gros bloc de pierre blanche, et à le regarder avec l'extase d'un marinier démâté par la tempête, qui voit enfin le moment de s'échouer sur un joli rivage, garni d'ombrages, de fleurs et de fruits. — Dieu soit loué, dis-je, voilà qui est bien! — Je ne sortirai plus d'Yverdon.

J'arrangeai là toute ma vie entre quelques études sédentaires dont mon séjour chez sir Robert m'avoit fait contracter l'habitude, et ces promenades pensives que la chute du jour terminoit toujours trop tôt. Le bruit des feuilles sèches que le vent tiède encore d'un bel automne chasse dans l'air par volées, ou qui roulent en criant sous le pied, est si agréable à un homme qui souffre ! — Pour moi aussi, disois-je, l'automne est venue faner toutes ces fleurs de la vie qui ne devoient m'apparoître que dans une courte matinée de printemps; moi aussi, je vais tomber sur la terre comme ces feuilles desséchées que fait pleuvoir de leur tige une bise matinale. Adieu mes rêves de bonheur, adieu mes espérances d'amour, adieu les hochets brisés de l'imagination, adieu Amélie et l'avenir !... Tomber où le premier orage me poussera, tomber et finir,... c'est la destinée de toutes choses !

Et j'embrassois avec résignation cette nécessité de l'existence, parce que tout m'annonçoit que la nature entière y étoit soumise. Qui auroit pu me distraire de cette pensée, dans l'abandon déjà semblable à la mort où mon âme étoit descendue? — Une fois, une seule fois, j'entendis bruire à mes côtés une créature vivante, si l'état de cet être misérable peut s'appeler encore la vie. — Je m'arrêtai. C'étoit une vieille femme, horriblement décrépite, qui s'étoit accroupie sur le sol pour y chercher entre les herbes fauves quelques petits fragments de bois sec, que la dernière tempête avoit rompus aux branches, et qui les amassoit précieusement devant elle dans un vieux pan de haillons rapiécé de lambeaux de toutes les couleurs. Avec quel soin elle fouilloit à travers les touffes mortes, pour en arracher ces débris morts, de ses doigts presque morts qui se resserroient machinalement sur eux! Avec quelle volupté elle sembloit les entendre cliqueter dans sa guenille, et quel étrange regard de satisfaction elle plongeoit de temps en temps dans son trésor, quand elle l'avoit accru d'une pauvre poignée!

— Que cherchez-vous là, ma bonne mère? lui dis-je en m'efforçant de me pencher jusqu'à elle.

— Oh, oh! monsieur, répondit-elle, en redressant autant qu'elle le pouvoit son échine courbée en cerceau pour me regarder de plus près, je ne fais tort à personne. C'est ma petite provision de bois pour l'hiver.

— Tenez, repris-je, brave femme, ceci vous

servira pour autre chose; et je glissai une pièce d'or dans sa main.

Elle la regarda d'un air étonné, et la laissa tomber dans son tablier avec le bois qu'elle tenoit. Elle n'en avoit pas perdu un morceau.

C'est un singulier mystère que l'affection qui nous retient à la vie. Elle comptoit encore sur un hiver!

J'avois écrit au chevalier. Notre correspondance se suivoit avec une régularité si active qu'elle me tenoit presque lieu de la douceur de nos entretiens. Quelques semaines à peine écoulées, Amélie étoit allée le voir, et il me le disoit. Elle voulut m'écrire une fois, et il le permit. Je lui répondis, et il lui rendit ma réponse. Je n'ai pas besoin de dire ce que nous nous promettions l'un à l'autre. On s'en doute bien.

Enfin, il arriva une lettre de sir Robert, qui m'apprit qu'Amélie étoit malade, plus sérieusement malade qu'elle ne l'avoit été jusqu'alors. Il me défendoit de partir, au nom d'Amélie; en son nom à lui, il me supplioit de rester. C'étoient ses expressions. Il avoit réfléchi sur notre position à tous deux, sur la nature des convictions d'Amélie, sur l'impossibilité d'en triompher, quoi qu'il arrivât de nos relations et de nos sentiments. Il disoit qu'il n'avoit en vue que notre bonheur, et je n'en doutois pas. Il ajoutoit que le seul obstacle qui pouvoit s'y opposer ne viendroit pas de lui. Je le croyois : sir Robert étoit un si excellent homme!

Et, cependant, jamais la lettre d'un ami n'a pénétré l'âme d'un ami d'un plus cruel désespoir. Cet obstacle qu'il redoutoit, je craignois de le deviner. J'avois beau me répéter que cette maladie n'étoit rien, que la science n'y avoit vu qu'un accident léger et sans conséquence; que l'amour même, si crédule à ses inquiétudes, s'étoit accoutumé à n'y pas voir autre chose; que l'obstacle dont il parloit provenoit plus probablement des parents d'Amélie. Cette réticence me confondoit, me faisoit mourir. J'allois sonner pour demander des chevaux, quand un petit billet, tombé de cette lettre déjà trois fois relue, vint changer ma résolution. Il étoit de la main d'Amélie, et ne contenoit que quatre mots : « Ne viens pas, j'irai.

Trois jours passèrent sur cette anxiété, sans que je m'arrêtasse à former un projet, sans que je parvinsse à démêler une idée. Je n'en avois que deux pourtant, deux idées obstinées qui s'étoient emparées de moi avec une égale puissance, et qui subjuguoient tour à tour toutes les forces de mon cœur.

— Un obstacle qui ne viendroit pas de lui. — Un obstacle étranger à la volonté d'Amélie, et qui nous sépareroit pour jamais! Oh, qui me dira cet obstacle! — Infortuné, tu le demandes! Malheur à toi!

Et bientôt mon agitation se calmoit. — Amélie, reprenois-je, elle a dit qu'elle viendroit! Je la verrai, nous serons ensemble, et nous n'aurons plus rien à craindre alors!... Cependant, j'osois accuser la Providence!

Un soir enfin, — c'étoit le 25 novembre 1806, — j'étois sur cette pierre d'attente qui marquoit ma fosse. Il étoit tombé un peu de neige. Il faisoit froid dans l'air, et mes veines rouloient du feu. Mille pensées confuses affluoient dans mon esprit comme les chimères des rêves; mille voix contradictoires, écho tumultueux et discordant de mes terreurs et de mes espérances, hurloient autour de moi d'insaisissables paroles ; mes yeux ne voyoient pas ; mes oreilles bruissoient. — Tout-à-coup je sentis un papier s'introduire dans ma main ; je le reçus, je le froissai, je l'ouvris sans regarder qui me l'avoit donné ; j'avois reconnu l'écriture du chevalier; il restoit assez de jour pour me permettre de lire. Je n'essaierai pas d'exprimer dans leur ordre les émotions qui m'assaillirent pendant que je lisois. Je copie.

« Amélie veut partir, et j'y consens. Un homme dont le dévouement m'est connu l'accompagne auprès de toi ; l'irrégularité de cette démarche a son excuse dans l'opinion que je me suis formée d'Amélie et de toi. Je t'en impose la responsabilité devant ta conscience et devant le ciel.

» J'ai pensé qu'elle auroit moins de scandale et de danger que l'abjuration publique d'Amélie dans une ville où elle est née, et sous les yeux de sa famille. Je n'aurois pu moi-même en être le témoin, et j'espère de ta tendresse qu'elle m'épargnera cette douleur, en prenant l'avance pour la cérémonie, sur le moment qui doit nous réunir. Mariez-vous sans moi, puisque tu es autorisé par tes parents. Les papiers d'Amélie sont en bon état, et je me suis chargé de régler ici tous ses intérêts.

» Je n'ai pu la revoir, j'ose croire encore que l'amour et le bonheur la guériront, s'il y a quelque chose de réel dans l'amour et dans le bonheur. Le Dieu qui lui a permis d'abjurer peut permettre beaucoup.

» Voilà les dernières paroles rigoureuses que vous entendrez de moi. N'y pense plus.

» Pense à moi. Ma vie est en vous et avec vous, et puisque le Seigneur l'a voulu, je me soumettrai à la finir au milieu d'une colonie de papistes qui respecteront ma foi.

» Toute ma fortune est transportée depuis quinze jours entre les mains de M. Frédéric H... d'Yverdon ; vous en disposerez. J'ai besoin de ne plus m'occuper de rien que de mes éditions. Je ne me réserve d'autorité que pour la direction des travaux. En tout le reste, il me convient de vivre comme votre enfant.

» Cherche-nous une retraite où tu voudras, car il ne faut pas songer à Berne. Achète une petite maison en bon état, avec une petite terre en plein rapport, comme l'eût aimée notre Horace; mais ne t'éloigne d'Yverdon, dans tes informations à ce sujet, que pour te rapprocher d'ici. Tu sais que mon infirmité ne me permet pas un long voyage, et je n'aurois jamais pensé à le tenter si vous n'étiez au bout.

» Tout ira bien si j'arrive; en attendant, fais ce que tu jugeras à propos, comme s'il étoit sûr que j'arriverai.

» *Le chevalier* GROVE.

» *P. S.* Assure-toi d'un emplacement commode pour mes livres, et d'un logement bienséant pour le digne Jonathas. »

Je me levai. Je cherchai l'émissaire, il n'y étoit plus; à peine vis-je une grande figure disparoître au loin à travers les grands arbres des allées voisines.

Ma situation étoit bien changée. Cinq minutes auparavant, mon cœur étoit brisé entre deux impressions extrêmes qui s'excluoient mutuellement, l'espérance de voir bientôt Amélie comme j'en avois la promesse, et la crainte d'en être à jamais éloigné par cet obstacle inconnu dont je frémissois d'approfondir le mystère. Un pareil état de perplexité n'est pas le malheur absolu, mais il vient tout de suite après. Il n'accable pas l'âme, il la mine sourdement, il use ses ressources avec lenteur, il l'affoiblit pour la tuer. C'est le réseau captieux de l'araignée, c'est la salive empoisonnée que la vipère distille sur sa proie vivante. Un vaisseau chassé du port à l'écueil et de l'écueil au port, à la merci du vent qui le pousse et de la lame qui le renvoie, chaque fois, plus près de l'endroit où il doit périr, c'est à se coucher sur le pont et à jouer sa vie aux dés contre la destinée, sans songer à la défendre. — J'en étois là.

Maintenant, tout prenoit un autre aspect. — Il ne l'avoit pas vue, mais il ne me disoit qu'un mot de cette maladie passagère, et c'étoit pour m'en faire pressentir la guérison. Il comptoit sur l'amour ; il comptoit sur le bonheur ; l'obstacle n'existoit donc plus, puisque l'amour et le bonheur pouvoient en triompher. De l'amour et du bonheur, nous en avions pour notre vie ! Et cet avenir, ce n'étoit plus un prestige de mon imagination, puisqu'il y fondoit lui-même, dans le calme et dans le repos de sa raison, de si prochaines espérances! Que dis-je? c'étoit déjà le présent! — Étoit-il assez beau, assez complet de joies pures, d'inépuisables voluptés! On n'auroit jamais osé en souhaiter un pareil pour soi. — On l'auroit tout au plus inventé pour un frère! — L'indépendance assurée, le travail favori qui la paie largement en se jouant dans ses plaisirs, l'amitié sans laquelle il n'y a point de félicité achevée, et l'amour qui comble tout, l'amour d'Amélie qui surpassoit tous les amours!... — Je ne me possédois pas, je ne me sentois pas d'enthousiasme et de ravissement. Je ne marchois pas, je volois. J'appelois Amélie tout haut, comme si elle avoit dû se trouver à ma rencontre, et que j'eusse ambitionné le prix d'une tendre émulation d'impatience en me faisant reconnoître d'elle avant d'en être aperçu. Et j'allois encore comme cela dans la ville, écartant doucement du bras deux ou trois passants étonnés, pour ne pas perdre de temps en allongeant mon chemin d'un pas inutile; et tout ce que j'entrevoyois me paroissoit elle : un chapeau de

femme, un voile flottant, une robe déployée
qui blanchissoit au premier reflet des étoiles;
et, quand je ne voyois plus rien, je m'arrêtois, essoufflé, pour m'assurer que je ne l'a-
vois pas entendue. C'est ainsi que j'arrivai. Je
faillis renverser Henriette. — Henriette, une
bonne fille, intelligente, zélée, affectueuse,
qui étoit chargée des petits soins de la maison, et qui allumoit en ce moment-là le réver-
bère de l'escalier.

— M'a-t-on demandé, Henriette?

— On a demandé deux fois monsieur.

— Où est-elle?...

— Un jeune homme bien triste et bien défait, qui est sorti pour vous chercher, et qui
couchera au numéro 9.

— Qu'il cherche, qu'il se couche, ou qu'il
s'en aille, — qu'importe?

— Et puis une jeune dame bien malade.

— Bien malade, Henriette! cela n'est pas
vrai!... Où allez-vous prendre tout ce que
vous dites? — Et qu'attendez-vous de monter?...

— Une jeune dame qui paroît malade, et
qui a un domestique muet, plus haut que

monsieur de toute la tête. La jeune dame a demandé la chambre voisine de celle de monsieur, et comme elle ne pouvoit plus se soutenir, je crois qu'elle y dort tout habillée sur ce grand fauteuil à pliants et à ressorts, où monsieur a dit quelquefois qu'il seroit commode pour y mourir. Lorsque je lui ai répété cela : — Très-bien, très-bien, ma chère amie, m'a-t-elle dit avec un charmant sourire, je ne veux pas d'autre lit.

— Qu'aviez-vous donc à m'arrêter avec tout ce verbiage de jeune homme triste et défait, dont vous êtes préoccupée comme une jeune fille ? Venez-vous m'ouvrir enfin ?

— Ah, monsieur ! répondit-elle en montant et en m'éclairant de sa lampe, j'avois commencé par lui, parce qu'il m'a dit que vous n'auriez jamais plus grand besoin de le voir, et que la manière dont il l'a dit m'a fait peur.

— Vous avez peur de tout, extravagante que vous êtes ! Vous disiez tout-à-l'heure que cette dame étoit bien malade, et si elle étoit malade à ce point, elle n'auroit pas pu entreprendre le voyage de Berne à Yverdon. —

19

Hésiterez-vous long-temps à ouvrir cette porte? Je ne vous ai jamais vue aussi gauche.

— C'est que si cette jeune dame n'étoit pas bien portante en effet, et qu'un moment de sommeil fût nécessaire à réparer ses fatigues, dit Henriette en hasardant la clé dans la serrure, et en me regardant d'un air inquiet....

— Arrêtez, Henriette, arrêtez. — Pardonnez-moi... C'est moi qui ai tort. — Gardez-vous bien d'ouvrir ! Attendez qu'elle sonne, chère Henriette, et quand elle aura sonné, dites-lui que je suis revenu.

— J'attendrai à la porte, dit Henriette un peu rassurée sur mes emportements. — Pauvre fille !

Au même instant Amélie sonna.

Elle étoit à demi couchée sur le fauteuil pliant. Elle me tendoit les bras, je courois à elle. Je baisois son front, ses yeux, ses mains. Je ne parlois pas. J'avois été surpris d'un saisissement soudain qui m'ôtoit presque jusqu'à la force de sentir. Amélie étoit changée d'une manière incompréhensible. Ce n'étoit plus que son âme. La lampe d'Henriette me la montroit comme je l'avois vue une fois, quand elle me reconduisoit sous les arceaux rompus de la vieille galerie, à la porte qui donne sur la route de l'Oberland. Je me rappelai en tressaillant cette cruelle vision. Je restai quelque temps muet et immobile. —

— Des flambeaux, Henriette, des flambeaux! m'écriai-je, éclairez cette chambre lugubre dont les ténèbres attristent le front de mon Amélie. C'est ma sœur, Henriette, c'est ma bien-aimée, celle qui est tout pour moi! C'est Amélie, mon Amélie, qui sera demain ma femme, et que vous aurez pour maîtresse, pour protectrice, pour mère, si vous voulez ne pas nous quitter!...

Les lumières arrivèrent enfin. Amélie n'avoit pas détourné de moi ses regards. Ils étoient pleins encore d'amour et de vie, mais sa pâleur ne s'étoit pas dissipée. —

— Cela est bon, dit Amélie. Je t'ai revu. Cette main que je touche, c'est ta main. Cette voix que j'entends, c'est ta voix. Maintenant j'existe et je veille. Tous les objets sont distincts autour de moi, et si je les discerne mal, c'est que tu es là, et que toute la puissance de mon âme est occupée à t'entendre, à te toucher, à te voir. — Je n'en peux plus douter, continua-t-elle avec expansion, je suis près de toi; je craignois tant de ne pas venir jusqu'ici, de ne jamais dire : Je suis près de toi! — Cela est bon, cela est fini. Je suis bien. Que me falloit-il davantage? — Où est ton cœur? donne... approche... reste... — Oh! je le sens qui bat! — Tu ne me quitteras pas! tu ne t'en iras plus!... ni à l'Oberland, ni ailleurs?... Reste encore! c'est ainsi que je veux mourir.

— Non, mon Amélie, je ne te quitterai jamais! Aujourd'hui c'est toujours, comme tu le disois! Sois tranquille à présent. Ne te fais point de chagrins. Il n'y en a plus de possibles entre nous deux. Laisse-là ces idées de mort. C'est de mariage et de bonheur qu'il s'agit. Crois-moi! une nuit paisible que doit suivre un jour sans nuages te rendra la force et la santé.

— Une nuit paisible que doit suivre un jour sans nuages. — C'est toi qui l'as dit. — Tu as raison. — Une longue nuit peut-être, mais que fait sa durée? T'avoir vu, te revoir, dormir ou mourir sur cette pensée, c'est égal. — Une nuit paisible, Maxime, une nuit heureuse! je rêverai.

— Oui, rêve, lui dis-je en affectant de prendre le change, rêve au doux avenir qui nous est promis. Tu connois les intentions du chevalier.

— A peu près. Je connois le chevalier, et ce que je n'ai pas encore appris de la bonté de son cœur, je le devine. Sais-tu, continua-t-elle d'un ton mystérieux, que je ne l'ai pas vu à mon départ, et sais-tu pourquoi? C'est qu'il me semble que s'il m'avoit vue—comme je suis, — il ne m'auroit plus permis de venir. —

Elle me déchiroit. Je me détournois à tout moment pour lui cacher mon trouble, pour étouffer un soupir, pour dévorer une larme.

—Tu es distrait, reprenoit-elle. Tu regardes où je ne suis pas. Ce n'est pas bien. Qu'as-tu à regarder qui ne soit pas moi? J'ai peur que tu ne me trouves moins belle, car j'étois belle puisque tu le disois. Henriette m'a demandé tantôt, après m'avoir aidée à me coucher, si je ne voulois pas faire un peu de toilette. — C'est que madame, a-t-elle ajouté, a quelque chose de singulier dans la figure, je ne sais quoi de terreux.—J'ai ri : — de la terre, tu comprends bien? Je pensois que ce n'étoit guère la peine de l'ôter.

— Hélas! c'est que je souffre de te voir souffrir, et de t'entendre parler ainsi! je me flattois de te trouver mieux que tu ne crois être.

— Oh! je suis mille fois mieux que tu ne pourrois le croire toi-même! Depuis que je respire, il n'y a pas un instant où le sentiment de l'existence m'ait paru plus agréable à goûter. Enfant qui crains que je ne sois mal, quand je n'échangerois pas une de mes minutes contre des siècles de délices! — Ton premier aveu, Maxime, ou le mien, car je ne me rappelle plus qui de nous a commencé, — ce fut une extase enivrante, une volupté suprême sans doute! mais qu'elle étoit loin de valoir ceci! — Entre le bonheur de ce jour-là, et celui que j'éprouve maintenant, il y a une différence qu'on ne paieroit pas trop cher de sa vie! — Cependant, qui le diroit? La misère de notre cœur est si grande qu'il manque une chose, mais une seule chose, à mon contentement, — et tu vas t'en effrayer encore.

— Parle, Amélie, parle, au nom du ciel.

— Écoute, continua-t-elle à basse voix, parce qu'Henriette ne s'étoit pas éloignée, — écoute, je n'ai pas abjuré! pas abjuré, entends-tu? et le ciel que tu viens de prendre à témoin, le ciel, Maxime, il est encore tout entier entre Amélie et toi... — Jamais il ne nous réuniroit, si demain... — Je ne veux pas te dire cela. — Va me chercher un prêtre ce soir!

— Le ciel est dans ton cœur, ange de foi, d'innocence et de vertu! si le ciel te répudioit, il faudroit renoncer au ciel!... D'ailleurs, ce soin peut se remettre, et une émotion aussi grave, aussi imposante, seroit peut-être dangereuse dans l'état d'accablement où la fatigue t'a réduite...

— Ne blasphème plus, répondit-elle en imposant son doigt sur ses lèvres; et va chercher un prêtre, pour que j'en obtienne le droit de demander ta grâce à notre juge. — Et puis, l'abjuration ne doit-elle pas précéder notre mariage, et ce soin peut-il aussi se remettre? L'impatience que tu attribues à un pressentiment qui t'inquiète, pourquoi ne l'as-tu pas attribuée à l'amour? N'as-tu pas dit toi-même que je serois demain ta femme, ou l'as-tu si vite oublié!... — Ah! j'ai tort. — Va chercher un prêtre, va!... — Je te promets après cela de ne plus t'affliger de toute ma vie... qu'une fois.

Je laissai Henriette auprès d'Amélie, et je sortis presque au hasard. J'avois donné des ordres pour qu'on appelât un médecin, mais un prêtre romain me paroissoit plus difficile à trouver à Yverdon.

La première personne qui se présenta sur mon passage étoit le jeune homme qui m'avoit demandé dans la journée. Je poussai un cri et je tombai dans ses bras. C'étoit Ferdinand.

J'ai parlé autrefois de Ferdinand, mon ami d'enfance, mon camarade de collége, mon frère d'affection; de Ferdinand dont la maison devint ma maison, dont la famille devint ma famille, à une époque où j'étois tourmenté d'autres douleurs. J'ai cherché alors à décrire sa douce retraite, son intérieur plein de charmes, son bonheur si parfait de calme et de sécurité. Il n'en étoit plus ainsi. Tout cela n'existoit plus. Sa femme étoit morte. Une maladie contagieuse lui avoit enlevé ses deux enfants dans le même mois. Il étoit resté seul de tout ce qui avoit composé son heureuse vie. Il avoit eu la force de survivre à tout : il étoit chrétien. Depuis il s'étoit départi de sa fortune, pour une moitié en faveur de ses parents les moins opulents ; pour la moitié du reste, au profit des pauvres de son village. Ce qu'il conservoit, il le destinoit à une œuvre de bienfaisance et de piété. Il avoit embrassé les ordres. Il se consacroit au saint ministère des missions étrangères. Cette vocation exigeoit des connoissances variées qu'il s'étoit empressé d'acquérir. Il revenoit en ce temps-là d'un voyage en Allemagne et en Italie, où il avoit passé près d'un an à se perfectionner dans l'étude de la médecine, si utile à l'apôtre de la foi qui porte à des peuples sans lumières le bienfait de la vérité. Il étoit sur le point de se diriger vers le port d'où il devoit quitter l'Europe, quand l'envie de me dire un dernier adieu le conduisit à Berne.

Je savois tous ces détails. Ses lettres m'en

avoient instruit. Je m'étois attendu à cette entrevue mêlée de tant d'amertume. Je l'avois désirée. — Je l'avois oubliée. — Je n'y songeois plus.

A Berne, Ferdinand s'étoit informé de moi. Il avoit vu sir Robert. Il s'étoit entretenu avec les médecins d'Amélie. On l'avoit instruit de son départ assez à temps, pour qu'il pût la devancer de quelques heures. C'étoit pour cela qu'il me cherchoit. Nous eûmes peu de paroles à échanger. Il ne lui restoit rien à apprendre; pas même mon trouble, mes angoisses, mon désespoir. — Il s'y attendoit.

— Prêtre et médecin! m'écriai-je en l'embrassant, c'est la Providence qui t'envoie!

— C'est mon devoir qui m'amène, répondit-il. — Mais avant de voir Amélie, j'ai besoin de m'assurer tout-à-fait de l'état de ton cœur. Es-tu bien certain d'en avoir fixé enfin la perpétuelle mobilité? — Ton parti est-il pris? — Crois-tu fermement dans ton amour?

— Ah! si tu l'avois vue, si tu la connoissois, tu ne me le demanderois pas!

— J'interroge ta conscience. Je ne dispute pas. Je ne contredis rien. Ta conviction sera la mienne. — Ainsi tu persistes à croire que les déterminations dont tu as fait part à sir Robert...

— Sont inviolables !

— J'y souscris. Encore une question. Sais-tu qu'il n'y a d'inaltérable et d'éternel dans les affections de l'homme, que ce qu'il en a placé hors de cette vie passagère? Sais-tu que les joies de la terre n'ont qu'un temps, et que la félicité la mieux affermie en apparence est souvent la moins durable? Sais-tu que la plus essentielle des vertus de notre nature, c'est la résignation aux volontés de Dieu?

— Si je ne l'avois su d'avance, malheureux ami, ton exemple ne m'auroit pas permis d'en douter !

— Assez, assez, reprit-il d'une voix austère. L'église m'a donné tous les pouvoirs dont vous avez besoin ; — conduis-moi près de cette jeune fille. —

Amélie n'attendoit pas si tôt mon retour. Je lui avois souvent parlé de Ferdinand. Elle n'ignoroit rien de ses vertus, de ses infortunes, de ses résolutions, du double ministère auquel il s'étoit voué. Son nom, sa vue, ses paroles, rappelèrent à son front une lueur d'espérance. Et moi aussi, je pensai que le ciel commençoit un miracle. Quelle âme tendre n'en a pas attendu pour ce qu'elle aime?

Je les laissai seuls. — Une demi-heure après la porte se rouvrit.

Ferdinand me regardoit avec une tristesse calme qui ne m'effraya point. Ce devoit être l'expression habituelle de sa physionomie.

Celle d'Amélie rayonnoit d'une satisfaction pure et reposée qui avoit quelque chose de céleste.

—Baise la main de ta fiancée, me dit Ferdinand, et laisse-lui prendre le repos dont elle a besoin. Henriette veillera auprès d'elle. Je vais lui donner les instructions nécessaires. Demain, nous nous reverrons ensemble. Je te ferai appeler de bonne heure.

La main d'Amélie me parut moins froide, sa respiration plus égale, son teint plus animé; elle sourit en me disant : — A demain.

Ferdinand me quitta sur le seuil de ma chambre. — Sois homme, murmura-t-il à mon oreille en me pressant contre son cœur.

La vie est courte; mais l'éternité est infinie!
— Et il disparut.

Quelle nuit que celle-là! Je n'étois séparé d'Amélie que par une légère cloison, et le moindre bruit qui se faisoit chez elle ne pouvoit échapper à mon attention inquiète. Alors je m'arrêtois dans ma marche précipitée, mais mystérieuse. — J'étois à pieds nus. — Je suspendois ma respiration, j'écoutois, je tremblois d'entendre une plainte ou un cri. Je tremblois surtout de ne rien entendre. Quand le silence avoit été long, il me sembloit qu'Henriette s'étoit endormie, et qu'Amélie, souffrant sans être secourue, avoit perdu la force de l'appeler. J'aurois voulu dans ces moments-là être encore assuré de sa vie au prix d'un gémissement. — Quelquefois, j'étois frappé d'une voix, et je restois en suspens. — Quelquefois j'en distinguois deux, et puis plus rien, et j'étois quelque temps plus tranquille. — Souvent j'ouvrois doucement ma porte. A celle d'Amélie, j'entendois mieux. Les trous de la serrure et les joints mal unis des panneaux me laissoient apercevoir un peu de lumière. Quand la lumière se mouvoit, je sentois un frisson mortel parcourir tous mes membres. Quand elle avoit repris sa place, je respirois. — Henriette veille avec soin, disois-je, et Amélie dort. Il n'y a point de danger. — Je rentrois chez moi, je m'asseyois, et la tête appuyée sur mes mains, je restois plongé dans une rêverie vague assez semblable au sommeil, jusqu'à ce qu'un nouveau bruit vînt me rendre ma terreur ou mon anxiété. Que je me serois trouvé heureux si j'avois pu passer ces heures interminables, la main appliquée sur son cœur, ou l'oreille attachée à son souffle ! que le jour me parut long à venir ! avec quelle impatience je cherchois les premières clartés du ciel ! je n'avois pas trois fois parcouru la longueur de ma chambre que je revenois me coller à ma croisée pour savoir si l'orient ne blanchissoit pas. Le soleil se leva enfin. Je crus que le danger étoit passé, qu'Amélie étoit sauvée. Je me trouvai plus calme, plus heureux, que je ne l'avois été depuis son arrivée. Je m'aperçus que j'avois froid.

Un instant après, je reconnus le pas de Ferdinand. Il frappa foiblement. Il entra

chez Amélie. Henriette ne tarda pas beaucoup
à se retirer. Elle me dit qu'Amélie avoit eu
quelques étouffements, quelques évanouisse-
ments de peu de durée; mais qu'elle ne sembloit pas plus mal que la veille. Je vins me
mettre à genoux à sa porte. Il se passa ainsi
plus d'une heure et demie, mais je priois avec
confiance, j'étois presque tranquille.

Ferdinand me trouva dans cette position.
Il me releva et m'embrassa. Je remarquai
qu'il étoit un peu plus ému, mais cette impression fut si rapide que je pensai m'être
trompé.

— Amélie est entrée dans la voie du salut,
me dit-il, ses devoirs sont remplis. Il te reste
à remplir les tiens.

J'allois répondre, il m'arrêta d'un signe, et
il continua.

— Ne m'allègue pas des sentiments auxquels je ne puis compatir, tant que les sa-
crements du Seigneur ne les ont pas légi-
timés. Ce n'est pas la foi de l'amant que je
réclame. C'est celle du chrétien. La tendresse
que te porte cette âme d'ange deviendroit à
mes yeux un motif de condamnation contre

elle, si tu n'étois résolu à la sanctifier par le mariage. La démarche qui l'a conduite dans tes bras est un crime qui pèse sur sa tête, et qui retomberoit sur la tienne dans le cas où tu hésiterois à la réparer ; c'est à titre de devoir que je t'impose l'obligation dans l'accomplissement de laquelle tu ne vois que du bonheur. —Maxime, prenez-vous Amélie pour épouse?

—Oui! m'écriai-je d'une voix étouffée de sanglots. Oui, mon père!

Il m'introduisit dans la chambre d'Amélie. Les volets étoient restés fermés; quatre bougies brûloient auprès d'elle, sur une table placée à côté du fauteuil pliant qu'elle n'avoit pas quitté, parce que Ferdinand avoit jugé comme médecin qu'elle y seroit mieux que partout ailleurs. Tous les préparatifs de la cérémonie étoient faits.

Mon premier mouvement fut de me précipiter vers Amélie. Ferdinand me retint.

Je m'arrêtai alors à la regarder. —Elle étoit tournée vers moi, et elle me sourioit comme elle avoit fait, en me disant : A demain. —Son teint présentoit quelque chose d'extraordinaire que je n'avois jamais remarqué. Il passoit avec une étrange rapidité de la plus effrayante pâleur au rouge le plus vif, et puis il redevenoit plus pâle qu'auparavant; et cette alternative qui faisoit courir sur sa figure je ne sais quelle expression d'effort et de douleur, répondoit presque aux battements de mon cœur. Je la pris pour une illusion de mes propres organes, fatigués par la veille et par les larmes. Ses yeux avoient aussi quelque chose de vague et d'indécis que j'attribuai à la même cause. Je pensai d'ailleurs qu'elle pouvoit être éblouie par l'éclat des flambeaux qui nous séparoient, et à travers lequel ses regards cherchoient à percer.

—Détourne ta vue de ces lumières, lui dis-je, elles doivent te faire mal, car elles troublent la mienne, et m'empêchent de te voir.

— Moi aussi, répondit-elle; mais elle ne changea pas de position.

En ce moment-là, Ferdinand vint me chercher à ma place, et il me conduisit auprès d'elle. Il prit ma main et la plaça dans celle d'Amélie.

Les prières continuèrent.

Il s'interrompit pour me demander si j'avois un anneau. On concevra que cette idée ne me fût pas venue.

— Tiens celui-là, reprit-il, et passe-le dans son doigt. — Il venoit de le tirer du sien.

— Prends, prends, continua-t-il. C'est celui d'Adèle. — Je frissonnai.

Il nous donna ensuite sa bénédiction, s'agenouilla près de moi, se releva et m'aida à me relever. Je m'appuyai sur lui pour me soutenir.

— Suis-je sa femme? est-il à moi? son nom m'appartient-il, dit Amélie?

— Les formalités qui manquent à votre union dépendent des hommes, répliqua Ferdinand. Elle est sainte et indissoluble devant Dieu.

Amélie poussa un cri de joie.

Je m'élançois vers elle. Ferdinand m'entraîna jusqu'à la porte; il m'enveloppa de son manteau, et, pressant ma tête contre son sein de manière à étouffer ma réponse, il appliqua sa bouche à mon oreille, et me dit à basse voix : — Maintenant, souviens-toi de ta promesse! Élève ton âme à Dieu, qui t'a donné ce que tu aimes, et qui ne te l'a donné que pour un moment dans cette vie de misère. — L'anévrisme touche à son dernier période.—Va recevoir le dernier soupir de ta femme, en homme digne de la retrouver.

Après cela, il sortit.

Je me rapprochai d'Amélie en chancelant. Je m'assis, je saisis ses deux mains, je me rapprochai d'elle autant que je le pouvois sans la forcer à se mouvoir, je glissai un de mes bras sous ses épaules nues ; elle palpita comme si elle avoit eu peur.

— Ne crains rien, Amélie ! tu es ma sœur, tu es ma femme.

— Je sais bien, répondit-elle en roulant mes cheveux autour de ses doigts.—C'est que je ne te vois pas, je ne sais pas pourquoi je ne te vois pas. Pourquoi ces lumières n'y sont-elles plus ? — Mais tu es là, toi, rien que toi ! Oh ! je suis heureuse ! — Attends, couche ta tête ici, tout près de moi. — Je suis ta femme ! il n'y a point de mal, n'est-ce pas ? — Viens plus près encore, que je sente ton souffle sur ma joue ! — Heureuse ! heureuse ! je n'imaginois pas qu'on pût être aussi heureuse !

Elle releva un peu son cou sur mon bras qui l'appuyoit, et pencha sa tête sur la mienne, et nos lèvres s'unirent pour la première fois.

—Ah! mon Dieu, s'écria-t-elle!

Ma raison s'étoit anéantie dans ce baiser. Tout ce que je me rappelle, c'est qu'elle cessa de me le rendre,... et je fus quelque temps à en comprendre la raison. —Mes sens m'abandonnèrent; je tombai; je ne conservai de mon existence que la sensation d'un tumulte confus de pas et de voix, et de l'étreinte vigoureuse de deux bras de fer qui se croisoient sur ma poitrine pour m'emporter.

Quand je revins à moi, j'étois dans la chambre de Ferdinand.

Je jetai les yeux de tous côtés; je vis Jonathas. —Ferdinand, debout en face de moi, me regardoit fixement sans parler.

—Et Amélie, Amélie! où est-elle?

—Au ciel, répondit Ferdinand.

LUCRÈCE ET JEANNETTE.

La baronne Eugénie de M... n'est plus jeune, comme on le verra plus apertement par la suite de cette histoire; mais ceux qui ont le bonheur de la connoître savent qu'elle a conservé toute la fraîcheur d'esprit, toute la vivacité d'imagination qui la distinguoient autrefois entre les jolies, et qui la faisoient préférer aux belles. C'est encore plaisir pour elle que d'entendre narrer de tendres aventures, et c'est à son intention seulement, il faut bien le dire, que j'avois recueilli ces tristes souvenirs de ma jeunesse, meilleurs à oublier qu'à écrire. Je ne sais rien lui refuser. C'est une habitude que j'ai conservée avec les femmes, vieux que je suis, et même quand elles sont vieilles.

Un soir de cet automne que nous étions tête à tête au coin du feu, car, à Paris, il faut se chauffer en automne, la conversation vint à languir parce que mon portefeuille étoit épuisé; et puis, parce qu'à notre âge la conversation languit nécessairement quelquefois. Elle se tournoit impatiemment dans son fauteuil, elle tisonnoit avec dépit, elle toussoit de cette toux nerveuse qui signifie intelligiblement qu'on s'ennuie; et moi, je la regardois d'un œil consterné comme pour lui dire que je n'avois rien à lui dire.

—Savez-vous, Maxime, dit-elle tout-à-coup, que vos amours sont ce que j'ai entendu de plus lamentable en ma vie, et que je ne m'étonne plus, d'après ce que j'en sais aujourd'hui, de cette humeur morose et chagrine à laquelle je vous vois enclin depuis tant d'années? C'est comme une fatalité que ces passions-là, et il y a de quoi attacher au sommeil de l'homme le mieux portant tous les démons du cauchemar. La première de vos maîtresses n'aime en vous qu'un enfant aimable; elle est mariée et meurt. La seconde vous aime un peu, je suppose, mais pas assez pour vous sacrifier ses préjugés. Elle se marie et meurt. La troisième vous aime éperdûment et vous épouse, mais en vous épousant, elle meurt. L'abbé Prevôt, qu'on lisoit tant dans ma jeunesse, et qui n'avoit pas, en vérité, l'imagination badine, n'a jamais inventé un héros de roman plus malencontreux!

— Que voulez-vous, baronne? Vous m'avez demandé l'histoire de ma vie, et moi, je n'invente pas.

— Je vous crois et je vous plains; mais, s'il me souvient de si loin, et si j'en crois votre réputation et vos propres discours, car vous étiez passablement avantageux, l'amour n'a pas toujours été si rigoureux pour vous. Le sentiment est une loterie à laquelle vous avez joué trop souvent pour ne pas rencontrer quelques chances heureuses, et vous ne me montrez que des billets perdants !

— Il est vrai, baronne, dis-je en saisissant sa main avec l'expression la plus passionnée dont je fusse capable, il est vrai qu'une fois l'amour...

— Laissons cela, reprit-elle avec une sorte de colère ! Il est probable que vous n'avez rien à m'apprendre sur ce sujet ! mais pourquoi ne m'égayez-vous jamais de quelqu'une de ces anecdotes qui réveillent des idées gracieuses, et qui ne donnent au moins ni spasmes ni mauvais rêves ?

— Je puis vous l'avouer, répondis-je en riant. — C'est que l'amour n'a jamais oublié de me rendre très-malheureux, qu'il ne m'ait rendu souverainement ridicule.

— Eh bien ! voyez le grand mal ! je m'amuserai à vos dépens.

— Je le veux bien. Ceci ne doit pas aller plus loin, et personne ne nous écoute.

— Ajoutez à cela que vous devez commencer à mettre ordre à vos prétentions, si vous ne voulez pas être souverainement ridicule encore une fois !

— La première fois, dis-je, après avoir un moment réfléchi...

— La première fois que vous fûtes amoureux, ou que vous fûtes ridicule ?

— L'un et l'autre, si vous voulez. La première fois, c'étoit une certaine Alexandrine, blonde, un peu langoureuse, mais svelte, élancée, faite à ravir, et charmante, sur ma parole, qui avoit la fureur des enlèvements.

— Je vous vois d'ici enlever la blonde Alexandrine.

— Et le plus heureux des mortels jusqu'au premier relai. Nous descendîmes pour cueillir des fleurs pendant qu'on changeoit de chevaux. Ce n'étoit pas tout que des fleurs. Il falloit un ruban pour les attacher. A mon retour, plus d'Alexandrine. Elle s'étoit trompée de voiture, et couroit les champs avec un Anglois qui l'attendoit depuis deux jours.

— C'étoit justement l'année de la paix. Je me rappelle cette histoire comme si elle étoit d'hier.

— Une jolie brune daigna me consoler, et j'avouerai qu'elle y mit du courage, car il n'y a rien de mortel à l'amour comme un ridicule bien avéré. J'aimai Justine comme le méritoit un procédé si généreux. Je me serois fait tuer pour elle, et il ne s'en fallut guère. Un jeune capitaine de hussards, beau comme Adonis, taillé comme Hercule, et avec lequel je vivois dans la plus parfaite intimité, s'étant permis de la lorgner un jour au spectacle d'un air familier qui me déplut, je le provoquai brutalement en duel. Son régiment partant le lendemain au point du jour pour une autre garnison, la partie ne souffroit point de remise. Il me donna rendez-vous pour minuit dans une petite avenue sous les fenêtres de ma reine. Un pareil stimulant étoit de trop pour mon courage, mais j'accédai à la proposition de mon adversaire sans lui demander compte de son caprice. Nous fûmes exacts, et nous mettions flamberge au vent, quand une averse épouvantable nous força à nous jeter sous une porte cochère qui se trouvoit ouverte par hasard. Nous n'en continuâmes pas moins à ferrailler, mais nous croisions nos armes en aveugles, et au bout de quelques passes qui lui avoient donné l'avantage du terrain, la pointe de l'épée du capitaine me coupa la lèvre supérieure et m'enfonça une dent.

— Je me souviens qu'à mon gré cette balafre vous alloit en perfection.

— Je me trouve heureux de l'avoir reçue à ce prix, mais ce ne fut pas ce qui m'occupa pour le moment. Je me hâtai de bander ma plaie avec ma cravate, et de courir au domicile du chirurgien le plus voisin pour m'y soumettre à un appareil mieux entendu. Quelle fut ma surprise, en passant sous la croisée de Justine, de m'entendre apostropher par une voix qui me souhaitoit la bonne nuit et un prompt rétablissement !

— Vous dûtes savoir gré à votre maîtresse d'une attention si délicate ?

— Ce n'étoit, parbleu, pas elle qui parloit, madame ! c'étoit le hussard !

— Infortuné Maxime ! cette brune-là valoit bien la blonde, vraiment !

— Quand j'y réfléchis, ma chère Eugénie,

je pense qu'elles se valent toutes. Enfin, en 1803...

— Ah! vous allez y revenir! passons sur 1803, au nom du ciel!

— Je le voudrois de toute mon âme, Eugénie, puisque vous le desirez; mais les compositions les plus frivoles ont des règles impérieuses qui forcent la volonté d'un pauvre auteur, et je ne veux pas laisser de lacune dans mes mémoires.

— Alors, je la remplirai. Je vous trompai, mon ami, je vous trompai pour un sot. C'étoit un mauvais procédé, mais rappelez-vous que nous courions tous les deux notre vingt-unième année; vous, tendre, exalté, véhément, fanatique de toutes vos illusions; moi, veuve depuis un an, indiscrète, évaporée, sans expérience, joyeuse d'être libre, avec une tête parfaitement vide, et un cœur plus vide que ma tête. Je puis faire les honneurs de cet âge-là. J'étois une autre. Quand vous me dîtes que vous m'aimiez, je vous en dis autant, parce qu'il falloit absolument vous aimer, si on n'étoit décidée à vous haïr à la mort, et je ne m'étois pas trouvé tant de résolution.

Un quart-d'heure après, j'aurois donné un empire pour avoir à recommencer. Je ne voulois qu'indépendance et repos, et vous ne viviez un peu à l'aise que dans la région des tempêtes. Vos serments étoient des blasphèmes, vos joies des frénésies, vos jalousies des convulsions. Songez cependant que les passions romantiques n'étoient pas encore inventées, et qu'il n'en étoit pas plus question dans les *Contes moraux* qu'à l'Opéra-Comique ; et peignez-vous mon état quand je contemplai de sang-froid la terrible destinée que vous m'aviez faite ! Je me réveillai tremblante d'effroi sous le poignard de Maxime, comme Damoclès sous le glaive du tyran. Je ne savois où me sauver de mon bonheur quand le sot dont il est question se présenta, si laid, si nul, si maussade, si insolemment suffisant, si profondément absurde, qu'on n'auroit pas autrement choisi entre cent mille pour vous venger en vous trahissant, et j'aurois pris alors cent fois pis, si cela eût été possible, pour me soustraire aux épouvantements de votre amour. Un sot, au moins, cela vit en apparence comme un autre homme ; cela parle, agit, existe à la manière de tout le monde, ou à peu près. Cela ennuie souvent, mais cela ne s'en aperçoit jamais. Cela ne préoccupe ni l'âme ni l'esprit. Cela n'est ni incommode, ni imposant. Cela est sot, et voilà tout. Vous ne sauriez croire, Maxime, combien les sots sont merveilleusement imaginés pour faire des amants aux coquettes! — Eh bien, ai-je pourvu à cette lacune de façon à vous satisfaire? Qui vous arrête maintenant?

— Rien, madame! je reprends haleine de mon admiration, et je rentre dans mon récit à l'endroit où vous venez de le laisser. — Je n'étois pas de caractère à me désister facilement de mes droits, et je dois à ce compte vous avoir inspiré de cruelles inquiétudes, puisque vous ne trouvâtes moyen de vous dérober entièrement à ce que vous daignez appeler les épouvantements de mon amour qu'en mettant la France entre vous et moi. Vous prîtes le parti de vous retirer dans vos terres de Touraine. Tout mon bonheur disparut avec vous. Votre absence fit d'un pays que je chérissois la plus triste des solitudes, et je me décidai d'autant plus volontiers à le quitter aussi, qu'après trois mésaventures aussi criantes, il n'y avoit pas, à vingt lieues à la ronde, enfant de bonne maison qui ne se moquât de moi.

— Si vous n'étiez encore plus aimable et plus galant que sincère, vous vous en seriez tenu à cette dernière raison. Elle pouvoit vous dispenser de l'autre.

— Je conviens qu'elle eut une bonne part dans ma résolution. Arrivé à Paris, je m'avisai pour la première fois de mettre un certain ordre dans ma conduite ; et pour ne pas laisser d'équivoque sur l'ordre dont j'étois capable, je vous expliquerai en deux mots ce que j'entendois par-là : c'étoit tout simplement une méthode de désordre, une inconduite systématique, un plan réglé d'irrégularité, une bonne manière de mal vivre. Comme l'amour étoit ma principale, pour ne pas dire ma seule affaire, ce fut sur son terrain que je transportai toute ma philosophie. « Si les malheurs forment la jeunesse, me dis-je à moi-même, vous voilà, mon cher Maxime, assez formé pour votre âge. Depuis votre brillant avénement dans le monde, vous avez aimé trois femmes, et vous avez été trois fois dupe. C'est une espèce d'avertissement providentiel qui vous est donné de renoncer au sentiment. Puisque la destinée des cœurs tendres et confiants est d'être toujours trompés, la science d'être heureux consiste à ne pas se laisser prendre au dépourvu. Les engagements sincères et les passions éternelles sont du monde d'Astrée et de Céladon; il n'y a que les enfants qui l'ignorent, et vous avez maintenant de bonnes raisons pour n'en pas douter. Que reste-t-il à craindre de la perfidie d'une maîtresse, quand on sait d'avance à quoi s'en tenir sur sa bonne foi? La plus inconstante est la meilleure pour qui a vérifié que la plus constante ne l'est guère. Traitez donc désormais les affaires de cœur avec l'insouciance qu'elles méritent, et prenez l'amour comme il est fait, si vous ne pouvez vous en passer. On n'en fera pas un autre pour vous. »

—J'admire à mon tour, mon ami, combien vous vous étiez perfectionné depuis notre rupture. Vous voilà tout-à-fait revenu de vos extravagances romanesques. Vous parlez principes!...

— Ces idées ne me seroient peut-être pas venues d'elles-mêmes, et la reconnoissance me fait un devoir d'avouer que mon éducation vous doit beaucoup. — Bien convaincu, comme j'ai eu l'honneur de vous le dire, que le moyen le plus sûr de n'être trompé nulle part, c'étoit de s'attendre à l'être partout, je ne m'occupai qu'à trouver un digne théâtre à mes expéditions galantes, et ce fut au théâtre même que je m'arrêtai. Ce n'est pas là d'habitude qu'on va chercher les fidélités exemplaires et contracter les liens indissolubles de l'école des Amadis. L'intrigue y est légère, le nœud fragile, les péripéties multipliées, et il n'y a pas une scène dans les amours de ce pays-là qui ne coure au dénouement, suivant les règles de l'art. C'étoit précisément mon affaire. Je m'arrangeois volontiers en perspective d'un commerce où je serois presque aussitôt trahi qu'aimé. Il est aussi amusant qu'un autre, quand il amuse, et il fait perdre moins de temps. J'avois d'ailleurs une sorte de vocation prédestinée pour ce genre de sentiment, et je tenois cela de la nature ou de mon père. Mon cœur avoit battu dès l'enfance dans ma poitrine d'écolier aux roulades d'une virtuose et aux pirouettes d'une bayadère. Il y a un charme incomparable dans la possession d'une beauté à mille noms qui prend toutes les figures, qui revêt et embellit tous les costumes, qui parle tous les langages et interprète toutes les passions, qui change elle-même tous les soirs de passions, de langage et de génie, comme elle change de toilette. En province surtout, où les attributions du comédien sont ordinairement plus étendues, c'est quelque chose de divin. Vous pouvez dans le même tête-à-tête, à la fin d'un joli souper, vous attendrir jusqu'aux larmes avec Aménaïde, bouder avec Hermione, coquetter avec Célimène, ou fondre votre cœur en langueurs pastorales avec une des bergères musquées de Favart et de Marmontel. Si la perfide Eulalie vous a donné hier quelqu'un de ces motifs de misanthropie qui chiffonnent les esprits mal-faits, vous aurez bien de la peine à résister demain aux preuves de l'innocence de Zaïre. Ajoutez à cela les triomphes de la vanité, si flatteurs, si enivrants pour l'homme qui est aimé, ou pour celui qui croit l'être, ce qui est absolument la même chose, tant qu'on le croit, et vous conviendrez sans difficultés que l'amant d'une actrice à la mode est un de ces êtres privilégiés pour qui la vie n'est qu'un long enchaînement de béatitudes et d'apothéoses !

— Grâce au ciel, vous êtes pour cette fois dans la voie du bonheur parfait, et si quelque démon ne s'en mêle, nous n'aurons plus à parler que de vos triomphes. Je crains comme vous qu'ils ne soient pas durables, mais ils seront nombreux, et vous vous sauverez sur la quantité.

— Je m'en flattois. A dire vrai, l'économie de mon plan de campagne ne laissoit presque rien à désirer; j'avois combiné tous mes mouvements, choisi toutes mes positions, marqué d'un regard prévoyant mes campements, mes retranchements et mes forteresses. J'aurois dressé d'avance la carte de mes conquêtes, et je me voyois déjà suivi d'ovation en ovation par un long cortége de captives.

— César, je vous salue. Je vous attends avec impatience à la rédaction de vos *Commentaires !*

— C'est là malheureusement que le triomphateur s'embarrasse. Je n'eus pas mis un pied sur le terrain de l'ennemi que je m'aperçus qu'il m'étoit impossible d'y mettre l'autre avant de savoir sa langue, et c'est une étude qui auroit déconcerté Pic de la Mirandole. Je croyois posséder assez bien mon Marivaux, mon Crébillon fils et mes *Bijoux indiscrets;* mais cet idiôme sacré n'étoit ni plus ni moins tombé en oubli que les hiéroglyphes. Je m'avisai de retourner au sentiment que je regardois encore comme le truchement universel des négociations amoureuses; mais au premier mot qui m'échappa dans ce style, on me rit au nez en grand chœur, et toutes mes sylphides s'envolèrent. — J'étois près de renoncer à mes magnifiques ambitions, et de descendre aux grisettes, peuple naïf, heureux et fidèle aux bonnes traditions antiques, chez lequel ce langage délicat est resté vulgaire, sous les favorables auspices du roman, quand un événement imprévu vint me rendre les chances de ma fortune. —Vous n'avez probablement jamais su, madame, qu'il eût existé, rue Saint-Martin, n° 48, une succursale de Thalie, placée sous l'invocation de Molière?

—Je suis du moins bien certaine de n'avoir jamais eu de loge dans ce quartier-là.

—Aussi n'y alloit-on pas, baronne, pour regarder aux loges, ce qui seroit indubitablement arrivé si vous aviez fréquenté le théâtre. On y alloit pour voir une actrice enchanteresse, aux traits mignons et gracieux, à la physionomie idéale, à la tournure souple et aérienne, au son de voix frais et pur, aux intentions fines, spirituelles et mordantes. Elle sourioit, et tous les cœurs voloient à son sourire; elle laissoit échapper, entre des cils d'or, un regard, ou plutôt un rayon de feu, et l'incendie gagnoit partout. Elle parloit enfin, et le plus sage perdoit la tête. Quand je vous dirai que je subis le sort du plus sage, vous me croirez volontiers sur parole. C'étoit le diamant de la petite comédie, la perle du pays marchand, la Mars de l'arrondissement et de ses faubourgs. C'étoit la Jenny Vertpré du consulat !

— C'étoit ce qu'on voit tous les ans, la divinité de la vogue, et il ne me manque plus que son nom.

— Je vous le dirai, madame, en meilleur style que le mien; car je ne saurois employer un des tours pompeux et grandioses de M. de Châteaubriand dans une occasion plus solennelle. Cette prodigieuse souveraine des esprits et des âmes, s'appeloit Lucrèce.

— Miséricorde! qui a jamais entendu parler d'une comédienne qui s'appelât Lucrèce?

— Ce n'est pas là cependant le plus extraordinaire. — Le plus extraordinaire, et madame de Sévigné ne se feroit pas faute en pareil cas d'une page de synonymes, c'est qu'elle soutenoit la responsabilité de son terrible nom avec une résignation philosophique dont il n'y avoit jamais eu d'exemple au théâtre de la rue Saint-Martin, et peut-être dans quelques autres. On lui connoissoit mille adorateurs, et on ne citoit pas un heureux.

— Je vous arrête sur le fait, et en flagrant délit de menterie. Vous promettez des histoires réelles, et, du premier élan, vous tombez dans le fantastique. On penseroit, à vous entendre, que la nature a tenu partout quelque phénomène en réserve, pour fournir un texte à vos hyperboles. Que dira le critique ingénieux et malin qui suspend sur toutes vos périodes son point d'interrogation défiant et ricanneur? Croyez-vous que ce terrible douteur, qui hésite à croire que vous ayez eu douze ans une fois en votre vie, que le hasard vous ait donné pour maître d'école un capucin de Cologne, et que la foule vous ait poussé, un jour où vous n'aviez rien de mieux à faire, sur une place de Strasbourg, dans laquelle il ne se trouvoit guère que douze ou quinze mille personnes, vous passe légèrement une Lucrèce de coulisses? Oh! c'est un chapitre sur lequel vous ne nous en ferez pas accroire! Nous souffrons les invraisemblances des historiens, mais nous sommes intraitables avec les conteurs.

— Le critique en pensera ce qu'il voudra, ma chère baronne; c'est son affaire de critique, mais je suis avec votre permission beaucoup plus au fait de mes aventures que lui-même, quoiqu'il sache presque tout. Je me flatte au reste qu'il rabattra quelque chose de son rigorisme judaïque, et puisque je lui ai permis de donner à dîner à l'abbé d'Olivet chez Marion Delorme, cinquante ans jour pour jour avant la naissance de ce digne académicien, il auroit mauvaise grâce à me contester une vertu presque anonyme au théâtre de la rue Saint-Martin. Remarquez d'ailleurs, s'il vous plaît, que je n'ai pas dit jusqu'ici que j'eusse mis du premier abord l'enchantement à fin, rien qu'en soulevant ma visière, comme un paladin du roi Artus. Il en arriva même tout autrement, et Lucrèce ne me reçut pas mieux que la Lucrèce de Rome n'avoit reçu Tarquin, quoique la mienne n'eût point de Collatinus. — Les difficultés, et surtout celles de cette nature, enflamment, comme vous savez, un généreux courage. Mon amour avoit bien des raisons de se mettre en frais d'empressement et d'obstination. Le théâtre de Molière venoit de fermer par ordre supérieur, ou à défaut de recettes, malgré l'attrait que Lucrèce prêtoit à son répertoire. Lucrèce alloit disparoître, et mes parents me rappeloient à tous les courriers pour me faire terminer une sotte affaire en province. Ils s'étoient décidés à me marier, et, après les éclatantes disgrâces de mes trois premières intrigues, je vous demande quelle bonne figure de mari j'aurois faite! C'est précisément comme un homme qui embrasseroit le parti de la guerre, avant d'avoir tiré vengeance d'un affront public. Il me falloit une réparation!

—De quoi vont se mêler les familles! vos parents choisissoient bien leur moment!

—Ils n'en font jamais d'autres.—Je m'étois couché vers le matin, suivant mon habitude, moins heureux que le poète Villon, qui n'avoit qu'un souci. J'en portois deux en croupe, et des plus noirs qu'on puisse imaginer, une femme dont je ne voulois guère, et une maîtresse qui ne me vouloit pas.

—Dites-moi en passant quel étoit le souci du poète Villon?

—Celui de savoir, madame, ce que devenoient les vieilles lunes, et il le préoccupoit tellement qu'il en oublia le jour où il devoit être pendu.—Je venois de me réveiller dans le paroxisme de l'amour, qui est, comme l'a très-bien observé Fontenelle, le plus matinal de nos sentiments, quand mon domestique m'apporta une lettre dont le timbre me fit craindre de nouvelles sommations paternelles. Jugez de ma surprise et de mon plaisir quand je m'aperçus qu'elle venoit du directeur d'une troupe de comédiens qui exploitoit ma province, et qu'il n'y étoit question que de Lucrèce. La clôture d'un théâtre de Paris lui fournissoit l'occasion de se recruter de quelque sujet précieux, capable de faire fureur dans une petite ville, et mon goût connu pour le spectacle lui avoit fait supposer que je pourrois lui servir d'intermédiaire auprès de la magicienne qui avoit tourné pendant six mois tant d'excellentes cervelles. C'étoit Lucrèce qu'appeloient tous les vœux d'un peuple idolâtre du talent et de la beauté. C'étoit sur moi qu'on se reposoit des soins de cette heureuse ambassade ! O folles joies de la jeunesse ! Mon premier prix de rhétorique m'avoit moins enorgueilli. On m'auroit annoncé la couronne du Tasse au Capitole, ou l'amarante aux Jeux floraux, sans me distraire de mon ravissement. Cependant j'avois concouru.

Je ne vous laisserai pas à deviner la première pensée qui m'occupa. Vous ne vous en aviseriez jamais. « Ma foi, dis-je en m'habillant à la hâte, je ne sais pas pourquoi je ne me marierois pas. Une bonne dot en écus sonnants n'est pas à dédaigner dans l'état de délabrement où la bouillotte a mis mes affaires, et la plupart des moralistes disent d'ailleurs qu'il n'y a rien de si doux que l'union de deux âmes bien assorties. Je renoncerai, comme la raison l'exige, aux plaisirs tumultueux d'une vie dissipée ; mais l'éclat que ceci ne peut manquer de produire suffit de reste à l'ambition d'un jeune homme favorablement traité des femmes, et qui n'a pas mal employé ses belles années. Lucrèce aura du chagrin, sans doute, il le faut bien ! Elle en aura beaucoup ! Je m'arrangerai même pour qu'elle fasse manquer deux fois le spectacle par indisposition, mais elle se consolera, j'en suis sûr, car il n'y en a pas une qui ne se console. Le principal, c'est qu'elle ne se console pas avant la cérémonie. Cela nuiroit à l'effet. Je me marierai tout en arrivant. »

— Prenez garde, Maxime. Je comprends à merveille que le succès de cette combinaison auroit sauvé les intérêts de votre vanité ; mais vous ne m'aviez pas dit encore que vos affaires fussent aussi avancées auprès de Lucrèce?

— Vous comptez donc pour rien le chemin qu'elles viennent de faire! avez-vous lu l'Œdipe de Ballanche? N'avez-vous jamais vu celui d'Ingres? c'est tout un. Eh bien, madame, l'énigme étoit devinée! J'avois pénétré le Sphynx. Elle m'étoit connue, la phrase talismanique; elles m'appartenoient, les paroles fées qui devoient dissoudre le charme! Un engagement superbe et une place dans ma chaise de poste! Il n'y a point de Lucrèce qui résiste à cela!

— O fatalité de nos débiles vertus! Cette rigoureuse héroïne, si habile à jouer tous les rôles, ne put soutenir jusqu'au bout celui de la chaste Romaine dont elle portoit le nom!

— Elle le soutint de son mieux, baronne, à deux légères circonstances près, la résistance et le suicide.

— J'entends; et j'assiste en imagination aux pompes de votre arrivée triomphale!

— Vous allez trop vite. Nous voyagions fort lentement. Lucrèce avoit toutes les qualités que vous pourriez desirer dans la figure fantastique d'une amoureuse de roman. Elle idolâtroit les beautés de la nature, et ne trouvoit jamais trop long le temps passé à les contempler. Nous nous arrêtâmes à Brie-Comte-Robert.

— Les beautés de la nature à Brie-Comte-Robert! Où l'enthousiasme va-t-il se nicher?

— Nous ne faisions que partir, et il faut l'avoir éprouvé pour savoir combien la nature a de charmes pendant vingt-quatre heures, quand on voyage avec sa maîtresse. A Nangis, nouvelle station. Cette allée solitaire de vieux arbres, qui circule autour de ses fossés, feroit envie aux jardins d'Armide. Et puis, le clair de lune a quelque chose de si suave et de si velouté, à Nangis! Si on peignoit un jour ce clair de lune, comme je l'ai senti, comme je l'ai goûté, quand ses rayons d'un pâle azur pleuvoient à travers le feuillage naissant sur les plis de son voile, l'enveloppoient de leur clarté limpide, et me découvroient en elle mille beautés que je n'avois pas encore aperçues, je vous proteste qu'on ne voudroit plus de Claude Lorrain. Il faudroit plaindre le cœur insensible qui ne palpite pas d'une tendre émotion, à la vue de ces plaines délicieuses de Nogent que la Seine embrasse d'une ceinture argentée, sur laquelle tous les astres du ciel sèment des feux étincelants. Tout cela n'est jamais si ravissant que lorsqu'on est deux à le voir! — Quant aux promenades poétiques de la moderne Troyes, elles sont presque aussi classiques dans la mémoire des voyageurs que les bosquets des rives du Simoïs, où il n'est pas suffisamment démontré qu'il y eût des bosquets.

— Muse, suspends ton vol! je ne croyois pas, au train dont nous marchions, que nous aurions le bonheur de gagner si tôt le département de l'Aube! Votre pégase doit avoir besoin de s'y reposer!

— Vos pressentiments ne vous ont que trop bien avertie. Nous étions à Troyes le quatorzième jour, et le temps commençoit à nous presser autant que vous, mais il n'y eut pas moyen d'en partir. Lucrèce étoit tourmentée d'une fièvre ardente, et le médecin que je fus obligé de mander, reconnut d'un coup d'œil qu'elle étoit hors d'état de continuer le voyage. La pauvre fille avoit la petite-vérole

—Vous me faites trembler, Maxime. Votre démon vous emporte, et nous marchons tout droit à un dénouement tragique!

—Rassurez-vous, madame; nous marchons tout droit à un dénouement assez bouffon. Je n'ai pas besoin de vous dire que je ne l'abandonnai pas pendant le danger; mais mes affaires m'appeloient, mes parents se mouroient d'inquiétude, et les intérêts de Lucrèce eux-mêmes exigeoient que j'allasse expliquer son retard. Le médecin ne m'avoit laissé aucune inquiétude sur les suites de cet accident, et j'avois payé ses soins en raison du succès qu'il me faisoit espérer. J'arrivai donc seul au but du voyage, mais le bruit de mon expédition m'y avoit précédé, et je regardois l'accueil qu'il alloit me procurer comme une épreuve embarrassante pour ma modestie. Elle en fut quitte à meilleur marché que je ne pensois. L'esprit des provinces est soupçonneux quand il n'est pas dénigrant. Accessible à toutes les préventions fâcheuses, il se cuirasse contre l'admiration; il se fortifie de suspensions, de restrictions et de réticences contre l'invasion des nouvelles gloires. La renommée n'y a de cours que lorsque ses lettres patentes ont été expédiées aux bonnes villes sous la bande d'un journal accrédité, et les journaux de l'an de grâce 1804 ne disoient mot des actrices des petits théâtres. La liste civile des princesses dramatiques de ce temps-là étoit beaucoup trop exiguë pour leur permettre d'entretenir à grands frais une meute d'historiographes. L'époque n'étoit pas arrivée où leurs faits et gestes devoient être immatriculés tous les soirs dans des chroniques officieuses, comme ceux de l'empereur de la Chine. — On ne m'accueillit par conséquent que d'un certain : *Nous verrons bien*, fort sec, accompagné d'un certain hochement de tête fort dubitatif. — *Nous verrons bien*, madame, entendez-vous? On ne vit que trop tôt, hélas, ce que vous allez voir !

—Permettez-moi de vous épargner la douleur de r'ouvrir de vos mains une blessure qui saigne encore. N'est-il pas vrai que Lucrèce étoit un peu changée ?

—Un peu changée, madame ! ah ! je reconnois à ces tendres ménagements la compassion d'un cœur de femme! Un peu changée, grand Dieu! elle étoit à faire peur!

— Déplorable témoignage de l'instabilité des choses humaines! voilà pourtant des tours de la petite-vérole!

— Il n'y eut qu'un cri sur son compte, et ce fut un cri d'épouvante! non, non! jamais la nature n'a humilié d'un retour plus perfide la vanité d'une jeune fille!...

— Et la suffisance d'un jeune fat...

— J'allois vous épargner, madame, la peine de l'apostille, car, dans la circonstance où je me trouvois, il ne pouvoit me rester d'autre orgueil que celui d'une humble et repentante résignation. Toutefois, mes espérances se rattachoient en secret à l'effet infaillible de son talent. « Il faudra bien qu'ils l'admirent, m'écriois-je avec fierté, et leur ivresse me vengera d'eux, et de la destinée contraire. » — Je ne soupirois qu'après le jour du début. L'affiche enfin l'annonça ; l'affluence fut énorme, et, pour ne rien cacher, le public paroissoit assez bien disposé. J'allois, je venois, je ne me sentois pas d'impatience. J'avois compté une à une les mesures d'une ouverture qui ne finissoit pas, quand la toile se leva. La pièce commençoit tout juste par un morceau de Lucrèce. O douleur! — les rigueurs que la petite-vérole avoit exercées sur son épiderme n'étoient rien auprès de celles dont elle avoit affligé son larynx. La malheureuse avoit perdu deux notes, et ce qu'elle conservoit de sa voix de sirène auroit cloué l'aumône de la charité dans la main de l'auditeur le plus bénévole d'une chanteuse de place.

— On n'a jamais rien entendu de pareil!
— C'est ce que tout le monde disoit. Après deux désappointements aussi contrariants, j'osois à peine entrevoir un dernier moyen de salut dans les ressources incomparables de son jeu, comme un homme qui va se noyer se retient d'une main désespérée aux foibles roseaux du rivage ; et Dieu sait si je fus bien avisé d'y compter médiocrement! Soit que l'impertinence du public eût paralysé ses moyens (style de théâtre s'il en fut jamais), soit que la petite-vérole ait aussi quelques influences psycologiques jusqu'à ce jour méconnues des savants, Lucrèce dit la

comédie juste comme si elle la chantoit. Tous ces petits riens délicieux que son visage céleste avoit fait valoir tant de fois étoient devenus communs et maussades sur la physionomie d'une laide. Ces subtiles finesses de détails, ces traits exquis de naturel et de sentiment, où se pâmoient à Paris l'orchestre et la galerie, passèrent pour gauches dans leur naïveté, et pour maniérés dans leur délicatesse. Enfin, le mécontentement des spectateurs se manifesta par une explosion si bruyante que la salle menaçoit de crouler au bruit des sifflets, quand le directeur aux abois vint, tout tremblant, promettre une nouvelle débutante à son turbulent auditoire. Lucrèce s'évanouit, et je me sauvai fort à propos, car si je m'étois trouvé à ses côtés quand elle reprit connoissance, elle m'auroit certainement arraché les yeux.

— Vous m'avez attendrie sur le sort de cette pauvre créature! je voudrois la savoir établie en bon lieu.

— Vous n'avez qu'à parler, madame, et je la ferai au besoin, comme Hippolyte Clairon, président du conseil d'un margrave; mais, fiction à part, je vais combler vos vœux en deux mots. Sa mésaventure fut pour elle une source inépuisable de prospérités. Elle revint à Paris, où un de ses amants les plus rebutés, homme de peu d'esprit à ce que l'histoire rapporte, mais doué selon toute apparence d'une puissance incroyable de mémoire, se crut trop heureux de la retrouver telle qu'elle étoit, c'est-à-dire, aux changements près qui s'étoient opérés en elle depuis Brie-Comte-Robert jusqu'à Troyes inclusivement. Il lui offrit son cœur et sa main, qu'elle se garda bien de refuser; les voyages l'avoient trop formée pour cela; et comme l'épouseur étoit un de ces beaux caractères qui ne font pas les choses à demi, dix mois après il la laissa veuve et douairière avec cinquante mille livres de rente. Elle tient aujourd'hui grande maison, grand train de gens et de chevaux, table ouverte et bureau d'esprit.

— Je respire, et j'en avois besoin après de si rudes catastrophes!

— Vous voyez que j'ai seul à réclamer maintenant les sympathies de votre sensibilité, et vous aurez assez à faire. Lucrèce étoit partie sans me permettre de la revoir, et je lui sus plus de gré de ce procédé que mes lettres ne lui en témoignèrent de regrets. Elle me laissoit cependant à porter tout le poids de la dérision et des malins quolibets, et je vous réponds qu'on n'auroit pas été trop de deux pour le partager. Le pays en retentit; les colonnes en parlèrent, comme s'exprimoient les anciens, et si ma modeste Athènes avoit eu un Céramique, vous devinez de quel nom les petits enfants auroient barbouillé ses murailles !

Mon arrivée dans les salons ne manquoit jamais d'exciter un petit murmure qui n'avoit rien de triste, bien au contraire, mais qui me paroissoit infiniment désobligeant. J'attirois à la vérité dans les promenades les regards des jolies femmes, et beaucoup plus que je n'avois fait par le passé; mais j'avois beau donner à leur curiosité les interprétations les plus favorables, je n'en étois pas autrement flatté. J'allois rarement à la comédie, et seulement quand un spectacle qui attiroit la foule me laissoit l'espoir de me soustraire à mon effrayante popularité de loges et d'avant-scène. Un peu aguerri cependant contre les inconvénients des grandes réputations, je me carrois un jour avec dignité sur le premier banc de la galerie, au cinquième acte d'une tragédie nouvelle dont l'auteur venoit de détrôner Racine dans deux ou trois feuilletons. Je me fiois ingénument sur ce nouveau genre de scandale pour me faire oublier tout-à-fait, quand je remarquai subitement que la confidente profitoit du loisir d'une inutile et mortelle tirade que débitoit le jeune premier, pour chuchoter à l'oreille de la princesse un *à parte* malicieux qui n'avoit vraisemblablement aucun rapport direct à la pièce, et qui n'étoit pas fait pour le public. Mon cœur se serra, et une sueur froide inonda mon front, car je croyois lire bien distinctement sur les lèvres insolentes de la duègne maudite, l'histoire de Lucrèce et la mienne. En effet, l'œil de la princesse décrivit lentement une longue parabole qui embrassa presque tout l'hémicycle de la salle, et qui finit par s'arrêter intrépidement sur moi comme le regard du basilic. Au même instant, les deux mégères furent saisies d'un accès de gaîté si expansif et si étourdissant, que le drame, qui étoit parvenu à l'endroit le plus pathétique, ne fit plus que se traîner, en chancelant jusqu'au dénouement, à travers les éclats de rire. Je profitai heureusement de la confusion universelle que produisoit cette péripétie inattendue pour gagner le corridor, l'escalier, le vestibule et la rue. Quand je fus dehors, ma poitrine se dilata comme celle d'un homme qui échappe à un mauvais rêve : — Je fais vœu, m'écriai-je de toute la force de mes poumons, de ne jamais remettre les pieds dans ce *tripudium* de saltimbanques, dussé-je être réduit à passer désormais toutes mes soirées au théâtre des marionnettes !

— Tu n'es réellement pas trop dégoûté, interrompit un de mes amis qui s'empara brusquement de mon bras. Il est neuf heures précises, et j'y allois.

— Ou allois-tu?

— De quoi parlois-tu! J'allois aux célèbres marionnettes de maître Siméon Balland de Wintertour, le plus habile et le plus ingénieux des nombreux héritiers de Brioché. Qui n'a pas vu les marionnettes de maître Siméon n'a rien vu, et n'a rien vu surtout qui n'a pas vu Jeannette! Il n'y a que les Suisses pour être aussi adroits en mécanique, et il n'y a que les filles des treize cantons pour être aussi jolies! C'est le rendez-vous de la meilleure compagnie en bambins, en bonnes appétissantes, et en fringantes femmes de chambre; une excellente société!..

— Pourquoi pas? répondis-je en riant! aussi bien le spectacle est détestable, et les actrices...

— Feroient reculer une compagnie de pandours, reprit mon étourdi. On n'en a pas vu de plus laides depuis...

Il s'interrompit par commisération. Je le compris; je soupirai, et j'allai aux marionnettes.

Ce n'est pas auprès de vous, madame, que j'essayerai de me justifier de mon penchant puéril pour Polichinelle. Je me souviens que vous l'avez autrefois partagé, et qu'un des moments les plus doux et les plus cruels de ma vie, celui où je vous vis pour vous aimer, me fut accordé par le bizarre destin, au théâtre des Fantoccini. Je ne me doutois guère, alors, que je n'étois moi-même dans vos mains qu'un pantin un peu plus industrieusement organisé, dont le fil...

— Reprenez, pour Dieu, le fil de vos aventures, sans me faire jouer un rôle déplacé dans vos intrigues de marionnettes où je n'ai que faire, et permettez-moi de jouir paisiblement du bonheur de m'être dérobée à propos au funeste ascendant de votre étoile !

— M'y voilà, Madame. — C'est que les marionnettes de maître Siméon n'étoient pas des marionnettes vulgaires ! C'est que son polichinelle étoit le Talma de tous les polichinelles passés, présents et futurs ! Quel à-plomb imperturbable ! quelle merveilleuse entente de la scène ! quelle vérité naïve, et cependant quelle perfection académique de poses et de déclamation ! quelle énergie de débit ! quelle magie de diction ! quel jeu surprenant de physionomie ! et dans tout cela, quelle profonde intelligence du cœur humain ! Remarquez bien, madame, que je ne parle ici que du polichinelle de maître Siméon ; car tous les polichinelles que j'ai vus depuis étoient de bois. Celui-là seul avoit une âme. — Cependant, le croirez-vous! au bout de quelques jours, car je ne manquois pas une représentation, je devins moins exact à ma place accoutumée. A peine Jeannette avoit prêté à la femme ou à la maîtresse du héros le charme de son débit un peu monotone, mais naturel, expressif et mélodieux, je venois la rejoindre au bureau où le directeur l'avoit placée, comme ces traficants rusés qui mettent à l'étalage les richesses du magasin. Immobile contre un des piliers portatifs de l'architecture en toile peinte, je l'admirois sans me lasser jamais, accueillant les chalants avec un irrésistible sourire, et distribuant les billets ou recevant les coupons, d'une main plus blanche, plus agile et plus gracieuse que celle de la jolie changeuse israélite de la galerie de Foy. J'y passois les heures trop vite écoulées. J'y aurois passé les jours, et surtout les nuits. Il eût été tout simple de me prendre dans cette posture pour l'inspecteur à la recette, et je ne serois pas étonné que de bonnes gens qui avoient entendu parler favorablement de mes talents dramatiques, se fussent imaginé en passant que je n'étois si assidu à cette place que pour y régler mes droits d'auteur.

— Je tremble de vous dire ce que j'imagine, moi ; vous me rappelez, Maxime, ce prince des contes orientaux qui avoit dédaigné les bonnes grâces de la reine des Péris, et dont elle se vengea en le rendant passionnément amoureux d'une oie de sa basse-cour, qui cherchoit fortune en domino rose, comme une oie évaporée qu'elle étoit, le long des pièces d'eau du palais. J'ai bien voulu vous faire grâce au théâtre de la rue Saint-Martin, mais je vous préviens qu'avec toute la bonne volonté possible, je suis incapable de vous pardonner une extravagance pour la commère de Polichinelle.

— C'est que vous ne l'avez jamais vue, baronne ! Je croyois n'avoir rien épargné pour relever sa modeste condition, par l'illustration du grand acteur ou de l'automate miraculeux dont elle suivoit la fortune ; il y avoit dans cet arrangement un certain art de composition sur lequel je comptois pour me justifier ; mais vous êtes inexorable, parce que vous savez que je ne suis pas peintre de portraits, et que vous me défiez secrètement dans votre profonde malice de vous intéresser aux attraits de Jeannette. Oh! si je pouvois vous la montrer, droite, menue et souple comme un roseau ; la peau un tantet bise, mais nuée de fraîches couleurs ; le nez fin comme une alène, droit, classique, presque divin, comme celui d'une statue grecque, et terminé par un petit méplat riant et capricieux... comme le vôtre ; la bouche plus vermeille que la grenade ; les dents resplendissantes d'un émail plus diaphane et plus poli que l'albâtre ! Si je savois des paroles pour représenter ses longs yeux taillés en amandes, aux prunelles d'un bleu d'indigo, ses longs cils doux comme la soie et brillants comme l'acier bruni, ses longs sourcils noirs tracés en arc sur un front lisse et harmonieux avec la précision du pinceau, et cependant si voluptueusement mobiles quand ils daignoient exprimer le plaisir et l'amour ! — S'il m'étoit permis de vous découvrir, avec leur chaussure coquette de jolis bas blancs à coins roses, ses jambes toutes mignonnes dont le ciseau magique de David auroit dévotement respecté le galbe précieux, et auxquelles s'attachoient deux pieds qui auroient fait mourir d'un jaloux dépit la princesse de la Chine! — Et quand j'y pense, cela n'étoit pas difficile, car son jupon vert à liséré nacarat étoit extraordinairement court. — Si vous l'aviez vue enfin, comme je le desirois tout-à-l'heure, dans l'appareil simple et séduisant de son délicieux ajustement helvétique, vous n'auriez pas eu le courage de me blâmer, et mon extravagance changeroit de nom.

—Je veux croire à toutes ces merveilles; mais je suis décidée, Maxime, à ne pas sortir de là. Votre Jeannette, fût-elle Vénus et mieux encore, étoit la commère de Polichinelle, et vous me faites pitié!

—C'étoit, hélas, comme vous dites, la commère de Polichinelle. Le vulgaire du moins ne lui connoissoit pas alors d'alliances plus relevées. Je vous sauverai donc l'ennui de mes orageuses tribulations, je ne vous dirai ni mes regards passionnés fixés sur elle par une puissance invincible qui tenoit de la fascination, ni mes soupirs de flamme incessamment exhalés vers la banquette où elle recevoit l'argent et les hommages des curieux, ni mes lettres frénétiques où j'enchérissois sur les hyperboles, encore imparfaitement naturalisées chez nous, des romanciers allemands.

— Vous écriviez à Jeannette !...

— En prose et en vers, et je vous affirme qu'elle lisoit assez couramment. Cependant, je faisois depuis huit jours des frais de sentiment en pure perte, et mon intrigue étoit si péniblement cousue, mon action traînoit si nonchalamment en longueur, qu'on l'auroit justement sifflée au théâtre de Polichinelle.
— Tout-à-coup l'affiche indiqua la représentation de clôture, la dernière, la véritable clôture, la clôture sans appel et sans rémission. C'étoit l'instant ou jamais de songer au dénouement; je résolus de le brusquer. J'avois, loin de la maison paternelle, un petit appartement clandestin, fort galamment décoré, dont je m'étois pourvu, dans un esprit de prévoyance, pour donner libre carrière à des méditations mélancoliques et solitaires qui ont toujours fait mes délices, pour revenir de temps en temps à loisir sur mes études trop négligées, peut-être aussi pour quelques occasions imprévues qui se présentent quel-

quefois par hasard dans la vie d'un jeune homme chargé d'affaires. J'étois bien persuadé que ce domicile auxiliaire n'étoit connu que de moi, et de cinq ou six personnes tout au plus qui étoient particulièrement intéressées à me garder le secret. Je l'avois soigneusement désigné à Jeannette au *post-scriptum* de tous mes billets doux. Le *post-scriptum* est la partie positive des correspondances amoureuses; c'est là qu'on traite les intérêts matériels d'une grande passion. Aussi ai-je rencontré des femmes qui n'en lisent pas autre chose.

Comme je n'avois pas reçu de Jeannette des marques prononcées d'indifférence, et que je croyois discerner au contraire quelques témoignages d'une tendre condescendance à mes vœux dans les prunelles indigo dont j'ai eu l'honneur de vous parler, toutes les fois qu'elle vouloit bien tourner sur moi leur disque éblouissant, je passois ordinairement à l'attendre et à l'espérer dans ma retraite philosophique tout le temps que je ne passois pas à la supplier d'y venir. Le lendemain de la clôture (je savois qu'elle devoit partir le soir), je rêvois aux moyens de l'y amener le jour même, avant que la diligence me la ravît pour jamais, et je commençois à entrevoir qu'il faudroit recourir sans doute pour y parvenir à des procédés plus ou moins impérieux qui lui laissassent tout entiers les honneurs de la résistance, puisqu'elle étoit décidément formaliste. J'avois en conséquence formé dix projets plus étourdis les uns que les autres sans m'arrêter à aucun, quand j'entendis la clé de ma porte rouler doucement dans la serrure. La porte s'ouvrit, et Jeannette parut plus belle que jamais, belle d'émotion, de crainte et d'amour! mais si troublée que ses jambes défaillirent à l'instant où je m'élançai au-devant d'elle pour la recevoir ; je le supposai du moins, car elle tomba dans mes bras. Nous restâmes quelque temps muets ; — combien de temps? je ne saurois vous le dire au juste, — ces moments-là sont très-difficiles à mesurer. Enfin elle se remit peu à peu, rétablit un léger désordre de sa toilette, que mon empressement ne m'avoit pas permis de ménager beaucoup en l'assistant à l'imprévue dans une crise si nouvelle pour son innocence et pour sa timidité, et prit un fauteuil auprès de moi. Depuis qu'elle étoit dans ma chambre, la pauvre fille ne s'étoit pas encore assise.

Je prenois plaisir à la regarder, comme on regarde la femme qu'on aime, la première fois qu'on a quelque bonne raison de croire qu'on en est aimé. Il n'y a pas de temps à perdre. Quel fut mon étonnement quand son visage, sur lequel je pensois trouver la même expression, vint à se composer graduellement dans je ne sais quel recueillement mystérieux, jusqu'à parvenir au plus imposant caractère de solennité. Je crus d'abord qu'elle méditoit un rôle pour une scène plus éminente que celle sur laquelle on lui avoit appris à exercer ses talents, et il en étoit bien quelque chose. Je voulus m'emparer de sa main avec la liberté familière que me permettoit une rencontre aussi favorable aux développements de la plus parfaite intimité ; mais elle me maintint à ma place d'un geste grave et doux à la fois, et elle prit enfin la parole dans des termes que je rapporterois volontiers, si je n'avois peur que vous n'eussiez déjà trouvé cette histoire trop longue.

—Je ne suis pas fâchée de me faire une idée du degré de dignité auquel peuvent s'élever en pareille circonstance les moyens oratoires de la commère de Polichinelle.

— « Je ne chercherai point à excuser, monsieur, dit Jeannette, la démarche qui m'a mise en quelque sorte à la discrétion de votre délicatesse et de votre vertu. L'estime que m'ont inspirée pour vous votre langage, vos lettres, et la réputation de vos nobles sentiments, peut seule la justifier à mes propres yeux. J'avois besoin depuis long-temps d'épancher mon triste cœur dans un cœur généreux, et je n'ai pas été maîtresse de résister à la confiance que j'ai placée dans le vôtre, du premier jour où je vous ai vu. Si je me suis trompée dans mes espérances, le sang d'où je sors me donnera heureusement assez de force pour que je n'hésite plus à me soumettre aux rigueurs de l'infortune qui me poursuit. » —Je tressaillis de surprise et d'impatience, mais je n'interrompis point Jeannette.

— Et vous fîtes à merveille, Maxime ! Ceci promet, si je ne me trompe, des révélations d'un genre tout-à-fait nouveau.

Elle continua. — « Je ne suis point, monsieur, l'obscure et misérable créature que ma condition actuelle semble annoncer. Vous pouvez avoir entendu parler du brave comte de C..., officier supérieur des Cent-Suisses, assassiné en défendant la demeure de vos rois dans la fatale journée du 10 août 1792. Je suis sa fille unique, et le dernier rejeton de son illustre famille. Mon père, atteint de six mortelles blessures, parvint à gagner notre maison dans la rue Saint-Florentin, qui est peu éloignée du château. Je n'avois que six ans alors, et il me reste une idée bien vague de cet horrible événement. Il eut à peine le temps et la force de demander à me voir, et de me confier, baignée de ses larmes et de son sang, aux soins d'un valet de chambre dont il croyoit la fidélité à toute épreuve, car je n'avois plus de mère. Quelques minutes après, il avoit cessé de vivre. — Permettez-moi d'achever, monsieur, car je n'ai pas tout dit : La fortune de mes parents, qui étoit toute réalisée en France, ne pouvoit échapper à la confiscation. Les foibles ressources que produisirent l'argent comptant et les bijoux de mon père furent bientôt épuisées. Ce fut alors que Siméon Balland (c'est le nom du valet de chambre) se trouva réduit à reprendre pour exister l'ignoble profession qu'il avoit pratiquée dans sa première jeunesse, et à me donner un honteux emploi dans son spectacle, pour se payer des frais de mon entretien. Enfant, je subis cette nécessité sans juger de sa bassesse et sans apprécier ses conséquences. Arrivée à l'âge de penser, je m'y soumis sans me plaindre, parce que je n'y voyois point de remède. Cependant je connoissois ma naissance, dont les titres ne sont pas détruits. Je savois qu'ils étoient déposés à Langres dans des mains que je crois sûres, et dont j'espère les retirer sans difficulté ; mais j'avois eu le bonheur de me faire une résolution conforme à la cruelle extrémité où j'étois réduite, et je ne m'en serois peut-être jamais départie, si mon indigne tyran, devenu veuf il y a deux ans, ne poussoit aujourd'hui mon courage aux derniers excès du désespoir, en m'imposant l'affreuse obligation d'accepter sa main et son nom. — Vous frémissez, monsieur, et je sens que je suis comprise. — Vous ne vous éton-

nerez donc pas de m'entendre jurer que rien
ne peut me décider à reprendre jamais une
chaîne que je déteste, et si vous m'aimez
comme vous l'avez protesté tant de fois en
termes si éloquents, le moment est venu de
tenir les serments que vous m'avez faits !
Épouse, esclave ou pupille, je vous remets le
sort de ma vie, et je vous abandonne ma destinée ainsi que mon cœur !

En achevant ces paroles, elle fit un mouvement pour tomber à mes genoux ; mais j'é-
tois déjà aux siens.

— Brave Maxime ! je vous vois dans la position de Don Quichotte, quand il entreprit
de ravir l'infante Mélisandre aux poursuites
du farouche Marsile. Malheur aux marionnettes !

— Mademoiselle, m'écriai-je, dans la position respectueuse qui convenoit désormais à
mes rapports avec elle, comptez que vous ne
serez pas trompée dans la flatteuse espérance
que vous avez fondée sur mon caractère et
sur mes principes. Les droits que j'ai sur ce
modeste appartement sont, grâce au ciel, un
mystère pour la ville entière, et je me crois

assuré qu'il vous soustraira aisément aux recherches de vos persécuteurs. A compter de ce jour vous pouvez le regarder comme le vôtre; je ne m'y présenterai moi-même qu'avec votre consentement, et si je ne réussis pas à le rendre digne de vous, je suis au moins garant qu'il ne vous y manquera rien de ce qui peut aider une femme jeune et sensible à supporter patiemment la solitude, pendant que je m'occuperai avec un zèle infatigable à vous faire rendre vos droits et votre liberté.

— Je serois curieuse, mon ami, de savoir si vous lui donnâtes des femmes?

— Je remplis en tout point, madame, les devoirs que me prescrivoit une hospitalité consciencieuse. — Je vous avouerai qu'en y réfléchissant, je fus passablement embarrassé de cette affaire, que je ne m'attendois pas à voir tourner au sérieux. Je n'avois pas pensé un moment à épouser Jeannette, et c'étoit peut-être le seul moyen de dénouer l'intrigue, depuis qu'elle s'étoit compliquée, en dépit de moi, d'une apparence de séduction et de rapt. Il faut que je sois bien disgracié de la Providence, dis-je d'abord, moi qui ai toujours eu

la noblesse en guignon, pour m'être engagé
à corps perdu dans une parentèle aristocrati-
que, en choisissant ma maîtresse aux marionnettes. Qui diable auroit jamais pensé que le
patriciat eût passé par-là? Puisque Jeannette
est comtesse, je vous demande à qui on osera
maintenant se fier? — D'un autre côté, je
venois de reconnoître en Jeannette des qualités de plus d'une espèce qui m'en rendoient
plus amoureux que jamais. Ses beaux sentiments, qui se ressentoient merveilleusement
de sa naissance, m'avoient pénétré aussi d'une
profonde admiration; et j'étois d'ailleurs engagé par l'honneur, règle suprême de la conduite d'un homme bien né. Je craignois peu
qu'on pénétrât le secret de sa retraite, où elle
pouvoit tout au plus, comme je vous l'ai dit,
recevoir par hasard la visite de quelques femmes d'assez bonne compagnie, naturellement
fort compatissantes pour les peines de l'a-
mour. C'étoient des cœurs éprouvés. Je me
livrai donc sans réserve, suivant mon usage,
à l'ivresse du bonheur présent, sans trop m'inquiéter de l'avenir, et le matin du cinquième
jour je venois sans défiance m'informer du

sommeil de Jeannette, quand je trouvai la porte ouverte et une femme de chambre gémissante, qui pleuroit sur sa belle maîtresse, brutalement enlevée par les estafiers de la police.

— Je m'y attendois. Les Mores étoient en campagne, et Marsile avoit dépisté Mélisandre.

— Ajoutez, s'il vous plaît, baronne, qu'il venoit de dépister Galiféros. Un commissaire du quartier qui traquoit le ravisseur, et qui s'étoit flatté avec assez de vraisemblance, de le prendre au gîte, me requit poliment de me rendre chez monsieur le maire, juge souverain de toutes les affaires de police occulte qui intéressent l'honneur des familles, l'inviolabilité des comédiennes de provinces, et le bon ordre moral des marionnettes. Le maire de ma bonne ville étoit alors un excellent et respectable vieillard dont vous pouvez vous souvenir; M. le baron D......, qui m'aimoit d'une façon toute paternelle, jusque dans les égarements où m'entraînoit souvent la fougue d'une jeunesse irréfléchie, me grondoit tout haut dans l'occasion, me pardonnoit tout bas en grondant, et se détournoit de temps en temps dans sa plus grande colère contre mes folies, pour rire sous cape de mes folies et de sa colère, car il joignoit à une âme parfaitement tolérante un tour d'esprit aimable et un peu facétieux. Près de lui étoit assis le Vaucanson de Wintertour, l'honorable maitre Siméon Balland, qui avoit rétrogradé de vingt lieues sur son itinéraire pour venir demander justice, quand il s'étoit aperçu que sa jeune première, qui devoit le rejoindre en diligence, manquoit à l'appel de la troupe comique. Je fus ému, mais non troublé, parce que la pureté de mes intentions me rassuroit, et qu'à part quelques détails de peu d'importance dans la matière, qui échappoient du reste essentiellement aux investigations municipales, je pouvois prendre le ciel à témoin de mon innocence et m'envelopper de ma vertu. Je me sentois affermi d'ailleurs par la justice de la cause que je venois défendre. Ah, madame! il est bien doux de plaider pour la beauté, l'innocence et le malheur!

« *Quousque tandem, Catilina*, me dit d'abord M. le maire.... — Mais, craignant probablement que ce magnifique modèle de l'exorde brusque ne fût trop pompeux pour la circonstance, il se reprit aussitôt : — « C'est donc vous, continua-t-il d'un ton moins emphatique, mais aussi gravement burlesque, c'est vous qui, au mépris des excellents principes que vous avez reçus de l'éducation, portez l'insubordination, le désordre et le déshonneur peut-être parmi les sujets nomades de ce galant homme dont vos concitoyens ne conserveront le souvenir qu'avec délectation et reconnoissance ! Il n'y a donc plus d'asile inviolable contre vos déportements, puisque la pudeur ne peut pas même y échapper dans la loge de Polichinelle ! Il est difficile de prévoir d'après cela jusqu'à quels excès vous êtes capable de vous porter, et bien vous en prend, soit dit entre nous, de n'avoir pas vécu à temps pour souiller de pareilles profanations le collége des vestales et les fêtes de la bonne déesse ; vous n'en auriez pas été quitte à si bon marché. Toutefois, dans l'impossibilité où je me trouve de vous morigéner autrement, ce que je laisse à faire en désespoir de cause au temps et à l'expérience, l'honnête et prudent Siméon que voici, voulant bien reprendre l'objet litigieux, sans le soumettre à une expertise que je n'aurois pas pu lui refuser, pour en constater les détériorations, avaries et déchets, il nous reste à régler l'indemnité dont vous lui êtes redevable, à raison de frais de voyage et de relâches forcés depuis que vous êtes en possession de l'actrice nécessaire qui représente à elle seule tout le personnel féminin de sa troupe. C'est à peu près à une centaine de francs que cela monteroit à son compte, et c'est sur cette réclamation que j'attends de vous une réponse, en vous prévenant qu'il ne me paroît pas possible de donner une meilleure tournure aux suites de votre escapade. »

Je ne m'étois pas déconcerté un seul moment, et pendant qu'on auroit pu me croire occupé à formuler, à part moi, quelque acte de résipiscence, je méditois l'incursion la plus audacieuse sur le terrain de l'ennemi.

— « Non, monsieur, m'écriai-je aussitôt que l'allocution du respectable magistrat fut terminée, je ne souscrirai point à l'indigne concession qui m'est proposée! Mon devoir est d'éclairer votre justice sur les manœuvres d'un grand coupable, et je me sens la force de le remplir. C'est moi, monsieur, qui viens demander à mon tour, au nom des mœurs publiques dont votre autorité tutélaire est la première sauvegarde, que l'infortunée Jeannette soit remise entre mes mains, parce que c'est à moi seul, comme son conseil et son fondé de pouvoir, d'en répondre devant les lois. »

— « Oh! oh! dit monsieur le maire, en voilà bien d'une autre! De pareilles procurations et de pareilles cautions, nous n'en manquerions pas, si on les tenoit pour valables en justice! »

Maître Siméon ne dit rien. Il appuya ses deux mains sur ses genoux, comme un homme qui a besoin d'assurer son équilibre, et fixa sur moi des yeux ébahis.

— « Il y a ici en effet, monsieur, continuai-je sans me troubler, des corps de délit qui impliquent le plus haut degré de criminalité, furt inique de personne, détention arbitraire, et supposition d'état ; et le grand coupable que j'ai promis de vous désigner, c'est maître Siméon Balland de Wintertour, se disant mécanicien. »

A ces mots, Siméon se releva de toute sa hauteur, croisa ses mains au-dessous de la ceinture, et regarda mélancoliquement le plafond. Jamais je n'avois vu une physionomie qui portât si naïvement empreint le type caractéristique d'un bon homme.

— « Continuez, dit monsieur le maire. »

J'avois assez profité de mes inutiles études pour posséder au moins quelques-uns des secrets du barreau, les apostrophes et les exclamations, les battologies de remplissage, les redondances verbeuses, les gestes démantibulés et les haut-le-corps spasmodiques des avocats en crédit. Je débitai donc tout ce que m'avoit raconté Jeannette avec de tels effluves d'éloquence que je me crus assuré du gain de mon procès, et que je me sentis ému d'un reste de pitié en lançant au mécanicien un coup d'œil triomphateur. Il étoit retombé sur sa chaise avant ma péroraison, et, les mains appuyées sur les yeux en signe de confusion, il sembloit attendre en sanglotant que j'eusse fini de l'accabler.

— Vengeance impitoyable! il pleuroit amèrement!

— Il pleuroit, madame, il n'y a rien de plus certain. Amèrement, c'est une autre question. Vous avez peut-être appris dans vos excellentes lectures que les glandes lacrymales et les muscles zygomatiques appartiennent également au rire et au pleurer. Montaigne l'a remarqué quelque part.

— Je tremble maintenant qu'une si belle harangue n'ait pas répondu à vos espérances.

— Précisément comme le premier plaidoyer de Cicéron pour Milon. Siméon eut la parole à son tour, et sans déployer, à mon exemple, les ressources de la rhétorique, dont je présume qu'il avoit fait une étude fort superficielle :

— « Tout ceci seroit bel et bon, dit-il gaîment à monsieur le maire, s'il y avoit un mot de vrai dans l'histoire qu'on vient de vous débiter, mais ce sont des bourdes à faire pâmer de rire mes marionnettes. Je ne dis pas que monsieur soit capable de mentir, bien loin de là! mais c'est que notre Jeannette est une pièce qui en bâilleroit à garder à de plus affinés qu'il ne paroît être, sauf le respect que je lui dois. Vertudieu, quelle espiègle! Oh! c'est une charmante enfant, et qui auroit fait son chemin si je n'y avois mis ordre ! La probité avant tout. Le fait est qu'elle est fille légitime de mon pauvre frère Jude Balland, qui mourut il y a dix ans au pays, sans me laisser d'autre héritage que cette matoise. C'étoit deux ans après la malheureuse fin de monsieur le comte de C...., dont nous étions tous les deux domestiques, ainsi que ma belle-sœur Marion, mère de ma nièce Jeannette, car il aimoit notre famille, mais pas tout-à-fait au point de prendre la peine de faire nos enfants, d'autant mieux que cette bonne Marion, dont Dieu veuille avoir l'âme, étoit laide comme le péché, quoique bien digne femme au demeurant. Vous pouvez voir couramment toute la généalogie de l'histoire de Jeannette dans ces fameux papiers de Langres, que j'y ai repris avant-hier par précaution. »

Le maire les étala sur son bureau.

— « Comment ces papiers se trouvoient-ils à Langres, et par quel hasard sont-ils tombés entre vos mains ? repris-je plus modestement, car mes convictions s'ébranloient de plus en plus à chacune de ses paroles. »

— « C'est tout simple, dit Balland. Je les y avois expédiés pour le prochain mariage de Jeannette, et son futur me les a rendus, quand il a vu qu'elle ne venoit pas. Je me doutois bien qu'ils me serviroient à quelque chose. »

— « Ce n'est donc pas vous qui deviez l'épouser?.. »

— « Épouser ma nièce, monsieur! Le ciel veuille m'en préserver! Elle a trop d'esprit pour moi; mais elle étoit sur le point de faire un superbe établissement. »

— « Un superbe établissement! »

— « Sans doute. Elle alloit passer en secondes noces, car, afin que vous le sachiez, elle est veuve de mon trompette, qui étoit un joli sujet! Elle étoit sur le point, comme je vous le disois, d'épouser un artiste de la plus haute volée, qui joignoit sa troupe à la mienne. C'est une affaire d'or; on n'a jamais vu personne qui approchât de celui-là pour le saut du cerceau, la danse aux paniers et la voltige; un gaillard qui descendroit de la *Iungfrau* sur un fil de fer. Il n'est pas que vous n'ayez entendu parler de L'INCOMPARABLE PÉRUVIEN! nous sommes nés porte à porte. »

— « Malédiction ! Que la foudre écrase les marionnettes et l'incomparable Péruvien ! »

— « Il ne faut pas que monsieur s'afflige, reprit Siméon en patelinant. Les affaires ne sont pas bien avancées, et il m'est avis, entre nous, que l'incomparable Péruvien ne s'en soucie guère. Si monsieur persistoit dans ses bonnes intentions pour Jeannette, ce seroit une grande satisfaction à la famille. Il est vrai qu'elle n'est pas comtesse; mais les Balland sont honnêtes ! »

— « Pensez-vous, maître Siméon, me faire jouer ici une scène de Polichinelle ? »

— « Non, mon ami, répondit le maire en se penchant à mon oreille avec un sourire d'ironie d'ailleurs affable et caressant; — ce n'est pas une scène de Polichinelle, continua-t-il à basse voix en me tendant les papiers qu'il venoit de parcourir, et que je repoussois doucement de la main; — c'est, Dieu me pardonne, une scène.....

— » De Gilles, n'est il pas vrai ? »

Il n'ajouta pas un mot. — Je tirai cent francs de ma bourse, je les déposai devant lui, j'enfonçai mon chapeau sur mes yeux, et je m'esquivai sans regarder derrière moi.

C'est là que finissoit naturellement mon histoire.

— Pensez-vous que cette anecdote transpira dans le public, me demanda la baronne après un moment de silence?

— Comment, madame! si elle transpira! On en fit une comédie pour les marionnettes, et comme la pièce n'étoit pas mauvaise dans son genre, je crois qu'elle est devenue classique, de sorte que je n'ai jamais osé mettre le pied chez Séraphin, dans la crainte où j'étois de l'y voir représenter.

— Déplorable ami! Subir tant de tribulations pour plaire à une nymphe de Paris qui devient un laideron en Champagne, et pour faire un Ménélas de l'incomparable Péruvien!

— Le premier projet qui me passa dans l'esprit fut d'aller me jeter à la rivière, avec une pierre au cou.

— C'étoit une résolution extrême. Ne m'avez-vous pas dit qu'on se proposoit de vous marier? — Et à propos, pourquoi ne me parlez-vous pas de votre future?

— Ma foi, baronne, je n'y pensois plus.

— Tant pis ! Vous étiez dans les meilleures dispositions du monde pour l'affaire dont il est question. C'étoit autant de gagné sur l'avenir. Il y a des gens sans prévoyance qui ne s'avisent de cela que le lendemain.

— Quand mon père se fut aperçu que ma douleur commençoit à se calmer, et que je me montrois dans les rues de grand jour et le front haut, il fallut me résoudre à faire une visite à la famille d'Henriette. C'étoit le nom de la jeune personne. Comme je passois pour attendre encore une fortune assez sortable, et que les grands parents avoient compté sans le digne Salomon, sage intendant de mes menus plaisirs et de mes dépenses secrètes, je fus parfaitement accueilli. Après quelques moments d'oiseux propos, entra Henriette. Elle étoit jolie. Je ne vous parlerai pas de sa tournure. Vous avez vu plus d'une jeune fille à sa sortie de pension. Elles se ressemblent toutes. Sa mère fit, pendant quelque temps, d'inutiles efforts pour contraindre sa tête gracieuse et modeste à se soulever verticalement sur la perpendiculaire inflexible de son corps, qu'elle surplomboit d'une manière effrayante. Cependant la curiosité s'en mêla, et lorsqu'Henriette se fut suffisamment exercée à pousser une reconnoissance aventureuse sur le parquet jusqu'à la pointe de mes escarpins (on ne faisoit pas encore de visites en bottes), elle gagna peu à peu du terrain en hauteur, et finit par me regarder presque horizontalement. Je n'ose dissimuler que je comptois beaucoup sur cette impression qui m'a toujours été singulièrement favorable, mais je n'étois pas assez vain pour craindre que les résultats en devinssent funestes à une femme qui me voyoit pour la première fois. Cependant la contrainte indéfinissable et convulsive qu'exprimoit sa physionomie me donna une sérieuse inquiétude quand je vis qu'elle étoit obligée de s'enfuir dans sa chambre pour me cacher le désordre où cette entrevue avoit jeté ses esprits.

— On n'a jamais entendu parler d'un effet de sympathie aussi subit!

— Ne vous y trompez pas, Eugénie! La sympathie n'étoit pour rien là-dedans. L'innocente Henriette avoit entendu raconter mes aventures, et tous les souvenirs de mes lamentables amours venoient de lui apparoître à la fois. A peine la porte fut retombée sur elle, qu'elle se mit à son aise et qu'elle éclata sans façon.

— Pauvre petite! il en étoit temps! elle seroit morte à la peine!

— Sa mère m'affirma que ces crises de folle joie auxquelles elle étoit sujette ne la possédoient pas long-temps, mais je ne me trouvois pas la moindre envie de savoir positivement à quoi m'en tenir sur leur durée, et je m'évadai comme j'en avois l'habitude en pareille circonstance. — Je vous demande pardon si je me suis répété souvent dans cette circonstance de mon récit. C'est un des inconveniens du sujet.

— Vous n'épousâtes donc pas?

— Non vraiment!

— Pas si ridicule! supposez que nous venons de jouer un proverbe.

— Et lequel encore?

— A QUELQUE CHOSE MALHEUR EST BON.

FIN.

TABLE.

	Pages.
Dédicace.	5
Avertissement de l'éditeur.	13
Séraphine.	22
Thérèse.	81
Clémentine.	125
Amélie.	195
Lucrèce et Jeannette.	313

FIN DE LA TABLE.

www.ingramcontent.com/pod-product-compliance
Lightning Source LLC
Chambersburg PA
CBHW050534170426
43201CB00011B/1421